Franz Schmatz

WIE EIN BAUM DER INS LICHT WÄCHST

Lebe dein Leben

Seidenmalerei von Stephanie Schmatz

Tyrolia-Verlag · Innsbruck-Wien

Mitglied der Verlagsgruppe „engagement“

Die Deutsche Bibliothek – CIP-Einheitsaufnahme

Schmatz, Franz:
Wie ein Baum, der ins Licht wächst :
lebe dein Leben / Franz und Stephanie Schmatz. –
Innsbruck ; Wien : Tyrolia-Verl., 1993
ISBN 3-7022-1906-4

Umschlagbild: Stephanie Schmatz
Umschlaggestaltung: Mag. Elke Staller
Lithos: Tiroler Repro, Innsbruck
Satz, Druck und Bindung: Athesia-Tyrolia Druck, Innsbruck

Inhalt

Vorwort

Zu viele Menschen „werden gelebt", statt selber zu leben. Das belastet, erzeugt Angst, raubt Energie, zerstört Hoffnung, treibt in die Sinnlosigkeit und macht krank. Sehnsucht des Menschen und seine Aufgabe ist die Menschwerdung – als Dynamik, die ein Leben lang währt. Vieles ist heute zur lebensbehindernden Ideologie und zum lähmenden System geworden! Jede/r ist davon betroffen. Deshalb ist es an der Zeit, wach zu werden und sich zu erheben. Das gilt für alle Lebensbereiche! Der Mensch ist geschaffen, um aufrecht, also aufgerichtet, sein Leben zu gestalten.
Auf dem Hintergrund eigener Erfahrungen und vieler Begegnungen mit „bedrückten" Menschen (vielfältiger Art) wende ich mich an alle, die es auch satt haben, sich von anderen die Lebensgestaltung aufzwingen zu lassen. Mein Leben kann nur erfüllend sein und es immer mehr werden, wenn ich (es) selbst lebe!
Texte und Bilder dieses Buches möchten zum dafür notwendigen Innehalten, Wahrnehmen, Bedenken, Träumen und ganzheitlichen Handeln einladen. Die Impulse mögen Motivationen sein, um das Meer der Freiheit zu entdecken, Geschmack am Aufbruch zu finden und in der Weite des Lebens die eigenen Lebensspuren zu ziehen. Das eigene Leben lädt ein, mein eigenes Geheimnis zu entdecken, das Wagnis zu suchen, der Sehnsucht Erfüllung zu gewähren und mich so selber zu finden und gleichzeitig zu übersteigen. Ich möchte davon ausgehen, daß ich bei meiner Lebensbilanz einmal sagen kann: „Gesegnet sei jeder Augenblick meines Lebens, den ich selbst bewußt und intensiv gelebt habe!" – Die Summe dieser Augenblicke werde ich als Erfüllung erfahren; – staunend, weil sie mir geschenkt wurden, und beglückend, weil ich sie selber gelebt habe.
Denken und fühlen Sie, geschätzte Leserinnen und Leser, ähnlich? Dann könnten wir durch dieses Buch ein Stück des Weges gemeinsam gehen, ohne die gleichen Schritte zu machen.

Viel Mut und alles Gute! Franz Schmatz

Am Leben Geschmack finden

Immer mehr Menschen klagen, daß sie unter depressiven Zuständen leiden, von Sinnlosigkeitserfahrungen gequält werden und keine rechte Freude in und an ihrem Leben finden können. Die Ursachen dafür sind vielfältig. Ein Grundproblem ist sicher, daß viele es nicht gelernt haben, sich selbst auf die Suche nach Lebensspuren und Lebenshoffnungen zu begeben. Die einen warten, bis sie den Lebenssinn von anderen verordnet bekommen, die anderen lassen sich die Resignation aufdrängen, daß ohnedies das ganze Leben ein Jammertal wäre.

Solange ich mir von anderen definieren lasse, worin Lebenssinn, Lebenshoffnung und Lebensfreude zu bestehen haben, werde ich immer nur Kopie sein, aber kein Original. Mein Lebenskonzept muß ich selbst entwerfen, meine Lebensträume selber träumen und mein Lebenshaus selber einrichten, damit es immer mehr MEIN Leben wird, das ich gestalte und in dem ich mich verwirkliche. Wie viele Menschen beziehen heute Wohnungen und Häuser, bei deren Planung, Ausführung und Einrichtung sie selber wenig individuell und kreativ beigetragen haben. Ähnlich ist es auch in deren Lebensbau! Am Leben kann ich nur Geschmack finden, wenn ich mich den Herausforderungen meines Lebens stelle, meine Möglichkeiten und Grenzen entdecke, meine Wege selbstbewußt gehe und selber entscheide, welche Lebensquellen für mich in Frage kommen. Zu viele Menschen werden gelebt, statt selber zu leben. Das raubt Lebensenergien, zerstört Lebenshoffnungen, unterbindet Kreativität und Spontaneität und macht krank.

Eigentlich sollte die wahre Religiosität im Menschen die Erinnerung wachhalten, daß er geschaffen ist, um gutes Leben zu finden. Wo Religion und Religiosität zur Ideologie verkommen sind, geht es freilich nicht mehr um das echte und befreiende Lebensglück der Menschen, sondern darum, sie in Abhängigkeit zu führen, sie zu beherrschen und für eigene Strategien zu mißbrauchen. Um Ursprünglichkeit und Echtheit im religiösen Vollzug zu erfahren, ist es daher immer entscheidend, ob die Wegweisungen auf Befreiung, Heilung, Gelingen und Erfüllung ausgerichtet sind oder auf Angst, Zwang, Drohung, Scheitern und Unterdrückung.

Am Leben Geschmack zu finden, jeden Tag mehr, ist eigentlicher Sinn jeder echten Religiosität, weil Gott selbst die Fülle des Lebens ist, von der er den Menschen möglichst viel verschenken möchte. Deshalb war auch Jesus ein Mann des Lebens! Er wollte selber leben, nicht sterben! Sein Ziel war nicht lebensfeindliche Sühne, nicht Resignation und Passivität und nicht Todessehnsucht, sondern möglichst gutes Leben – für sich und für die Menschen. Seine Worte sind lebensvolle Worte, seine Taten sind Taten voller Liebe und seine Sendung und sein Wirken eine ewige Einladung, dem Leben zu trauen, Lebenshoffnungen zu realisieren und sich aktiv immer umfassenderer Erfüllung zu öffnen. Dann werden auch die Lebensblockaden lösbar, wird Schweres gestaltbar, Krankheit zum Auftrag und aus Glauben sogar der Tod überwindbar.

Ich muß nur selber anfangen, aus der Kette der Unglückspropheten herauszutreten, Orte gemeinsamer Jammergesänge zu verlassen, Kundgaben lebensfeindlicher Parolen nicht mehr wahrzunehmen und gelernte Verhaltensmuster, die mir das Leben vermiesen, loszulassen. Ich sollte dort zu finden sein, wo vom Gelingen des Lebens trotz aller Widerstände gesprochen und das Leben gefeiert wird, wo heilende Quellen entspringen, wo Visionen weitererzählt und Träume realisiert werden, wo ich von der Vielfalt beglückender Wege erfahre, aber zum Gehen des eigenen motiviert werde, wo ich anders sein und werden darf und ich so, allein und in Gemeinschaft, mit meinen Lebensfarben mein Lebensbild malen darf. Mein Leben ist mir geschenkt, nicht um es zu begrenzen, zu verarmen oder gar zu verachten, sondern reichlich blühen zu lassen. Deshalb ist dem Menschen die Sehnsucht ins Herz gelegt, Lebensfeuer zu entfachen. Die göttliche Liebe ist der nie verglühende Kern dieses Feuers, das ich in meinem Herzen trage. Mir bleibt die heilige Aufgabe des stets neuen Entfachens.

Geschmack am Leben zu finden bedeutet, das Feuer des Lebens zu wollen. Es sollte uns nachdenklich stimmen, daß so viele Menschen das Feuer nur mehr bedrohlich erleben. Schon den Kindern wird Angst vor dem Feuer gemacht und so Panik grundgelegt. Wie dem Feuer wollen auch viele dem Leben davonlaufen. Mißtrauen, Angst, Zwiespalt und Fixierung verleiten zur Flucht. Extremste Form der Lebensverachtung ist dann die fixierende Verbindung von Hölle und Feuer, die so vielen Menschen den Geschmack am Leben verdorben hat.
Wir sollten Leben und Feuer wieder verschwistern. Im Feuer liegt Kraft und unbändiger Wille zum Brennen. Nicht nur Gefahr und Zerstörung ist sein Wesen, sondern auch Läuterung, Wärme und Strahlkraft. Verbrennen und vergehen mag, was morsch und abgelaufen ist; aufflammen möge dagegen, was des Lebens würdig ist. Lassen wir andere sich um die Ausmalung der Schrecken des Feuers kümmern, wenn ihnen dieses wichtig ist, machen wir uns aber auf den Weg, das Feuer in seinem Geheimnis, seiner geballten Kraft und seiner grenzensprengenden Dynamik lieben zu lernen und es so behutsam zu zähmen, ohne es damit auch nur im Ansatz zu löschen. Dann vermag uns das Feuer zu locken, und wir dürfen mit ihm gestalten. So sind wir nicht mehr verschreckt, gelähmt und versteinert, ausgeliefert und in Gefahr, sondern gestaltend mitten darin, erleuchtet, gewärmt und entfacht.
Mit dem Feuer ist es wie mit dem Leben: Wir können uns ihm stellen und dürfen es zähmen, wenn wir ihm trauen. Wie eine Knospe sich öffnet, um die Strahlen des Feuerballs Sonne anzulocken, dürfen auch wir unsere Mitte öffnen, um den feurigen Lebenskern in uns entfachen zu lassen. Dann vermag lebenspendendes Feuer das verbrennen, was wir selbst und andere in uns im Sinne von Müll und Altlasten deponiert haben. So bekommen wir Raum zum Leben, wie es uns jetzt entspricht, und Energie zum Handeln, wie es jetzt von uns verlangt ist.
Wie steht es mit meinem Lebens-Feuer? Wer will es mir löschen, wer es mir entfachen? Was traue ich mir dabei zu? Bin ich bereit,

es in mir selbst zu vermuten und zu entdecken? Kenne ich die faszinierende Stimmung des Glühens? Wie groß ist mein Vertrauen, um mich dem Feuerkern meines Lebens mutig zu nähern? Finde ich mich in der aufspringenden Knospe wieder, die nur eine Sehnsucht hat, nämlich die Sonne als Richtung zu wählen?
Glauben bedeutet für mich zu wissen, daß mein Lebensfeuer brennt, daß es mir geschenkt ist, damit ich selbst für das Brennen sorge, nicht ängstlich, sondern zuversichtlich. Mein Glaube sagt mir, daß dieses Feuer nie mehr erlischt, wenn ich es nicht will. Deshalb entfernt sich aus meinem Glauben die Rede von Zerstörung und Verdammung, von Pein und Hölle, und er erzählt mir von feuriger Liebe und Ausrichtung auf Leben. Nicht Bannstrahl beschäftigt mich, sondern Lebensstrahlen möchte ich empfangen. Das Zeichnen von Höllenbildern möchte ich lassen, um Lebensbilder zu malen, die mich und andere glühend machen, dem Feuer vertrauend und das Leben verkostend. Der Weg ist noch weit, das erfüllt mit beglückender Spannung. Das Alte hat das Feuer schon erfaßt, dies stellt mich in die Erwartung.
So manche Ängste melden sich noch, um den Abschied hinauszuzögern, darum bitte ich um mehr Feuer. Mit dem Feuer aber kommt Leben; Leben, das ich erfragt, gesucht und ersehnt. Heute weiß ich, daß es an mir liegt, ob ich das Feuer zu ersticken versuche oder noch mehr entfache. Ich habe die Entscheidung für Letzteres getroffen. Vom Feuer erfaßt zu sein ist Leben!

Laßt mich

Ausschau halten, suchen,
fragen, probieren, erspüren,
tasten, ergreifen, gestalten.

LASST MICH
neu versuchen, anders machen,
nochmals starten, ausrasten,
nachsinnen, entwerfen, aufbrechen.

LASST MICH
loslassen, Abschied nehmen,
ganz anderes wagen, Fehler
riskieren, Spannungen formen.

LASST MICH
meine Freiheit realisieren,
meine Verantwortung übernehmen,
meine Träume zulassen,
meine Möglichkeiten entdecken,
meine Erfüllung finden.

LASST MICH LEBEN!!!

Verweigerung kann Tugend sein

Viele Menschen haben von Kindheit an gelernt sich anzupassen, zu fügen, sich unterzuordnen und andern auszuliefern. Als Belohnung für dies Wohlverhalten wird Integration in jeweilige Systeme angeboten. So sind viele Menschen schon früh gezwungen, sich selbst zu verraten, den eigenen Willen brechen zu lassen, Spontaneität abzulegen und sich selbst fremd zu werden. Der Mensch wird so zum Objekt, zum Werkzeug und Spielball. Daraus entstehende Wunden werden als freiwillige Opfer gepriesen, und späterer Lohn wird dafür in Aussicht gestellt. Betroffenen wird ständig in Erinnerung gehalten, daß das Leben nun einmal so sei. Die trotzdem durchbrechende Sehnsucht nach Befreiung und Heilung wird dann als Versuchung des Egoismus und als schändlich interpretiert. Immer mehr Menschen brechen heute aus diesem System aus. Sie entdecken eine Tugend, die bisher in verordneten und aufgezwungenen Tugendkatalogen nicht vorkam: die Tugend der Verweigerung.

Wenn wir glauben wollen, daß der Mensch geschaffen und geworden ist, um zu leben, um wahrhaft zu leben, steht er ein Leben lang in der Verpflichtung, sich allem zu verweigern, was dieses echte Leben behindert und verhindert. Zum Segen wird Verweigerung dort, wo wir Menschen dadurch Wege zum Leben und zur Heilung freilegen. So kann jene Befreiung Gestalt annehmen, durch die Selbstfindung und Selbstüberschreitung zur lebenspendenden Einheit werden. Ein Teil dieser Befreiung ist sicher die heute feststellbare Individualisierung. Sie ist zu einem guten Teil notwendig, damit die Menschen sich aus den bedrohlichen Zugriffen von diversen Systemen befreien können. So ist es auch erklärbar, daß jene Institutionen die Befreiung auf Individualität hin am meisten bekämpfen, die Angst um ihre Herrschaft haben. Das sollte unseren Befreiungswillen nur erheblich verstärken und uns die Augen für die Realitäten um uns öffnen.

Verweigerung auch im Sinn lebenstiftenden Widerstandes entspricht der Würde des Menschen und ist Grundkennzeichen echter Religiosität. Sie ist dort verlangt, wo Lebensraum erweitert und Lebensqualität vertieft werden soll. In diesem Sinn ist Verweigerung um eines heilvolleren Lebens willen verschwistert mit Demut, Liebe und Zukunftsorientierung.
Wo das Ideal des gebrochenen Willens und der Untertanenmentalität, unter welchen Vorwänden auch immer, verkündet und gefordert wird, ist der Mensch vor allem auch aus seiner Gottebenbildlichkeit heraus gerufen, sich zu verweigern, um sich selbst und damit ein Stück weit auch andere vor lebenstötender Abhängigkeit zu bewahren. Jede Selbstentfremdung macht nämlich dem Menschen auch das DU und die Welt fremd, und das ist tödlich.
Die heilende Verweigerung hat nichts zu tun mit Zerstörung, mit Ichsucht, mit Feindschaft oder Mißachtung von Lebensregeln, sondern zeigt sich im Erkennen und Aufzeigen menschen- und lebenverachtender Strukturen, in der Entdeckung zugeschütteter Lebensquellen und im mutigen und klaren Engagement für Heilung verwundeten Lebens. Verweigerung auf Leben hin trotzt der Gemeinheit, der Falschheit und der frechen Herrschaft und strebt als Frucht Versöhnung, Harmonie und Lebensdichte an. Heilende Verweigerung ist der Beginn eines Weges des Aufbruchs aus dem lähmenden Gestern in ein befreites Morgen, sie pocht auf ein starkes Selbst, ohne in diesem verhaftet zu bleiben, sie enttarnt scheinheilige Verschleierung und krankmachende Strategien und schenkt Kraft wie die aufgehende Sonne an einem taufrischen Morgen voller Lebenserwartung.
Es ist, wie wenn ein Baum aus einem Felsen wächst und ihn sprengt, damit mit den Wurzeln sich Lebensströme verzweigen. Ein wunderbares Schauspiel der Natur, das einlädt, selber zum sprengenden Baum zu werden, der vom Leben kündet, das trotz aller scheinbaren Widerwärtigkeit möglich ist.
Wie viele haben nicht gelernt, die Verweigerung als Sprengkraft des Lebens für möglich zu halten. Heilende Verweigerung ist aber

STE J.

unverzichtbar, wenn die Vision die Gestalt der Realität annehmen soll. Ob heilend oder zerstörend, hängt einzig von der Ausrichtung ab. Nicht das krampfhafte ‚Gegen', sondern das lebendige ‚Für' macht mutige Verweigerung zum Segen. Der dem Felsen entspringende Baum wächst im Grunde nicht gegen den Felsen, sondern auf Licht hin und verweigert sich dem Glauben, daß Leben dort nicht möglich sei.
Wir haben gelernt, uns zu fügen, mitzuspielen, uns anzupassen und Vorhandenes zur Kenntnis zu nehmen. Wer dies ungefragt mitmacht, seine Freiheit opfert und Verantwortung delegiert, übersieht leicht, wo das Lebensprinzip zur Todesspirale wird. Sensibilität auf Leben hin fordert genau an diesen Wegkreuzungen Mut, Klarheit, Entscheidungsfreudigkeit und die Bereitschaft, andere durch die Enttäuschung zu wecken.
Engagierte Verweigerung schafft Krisen und Konflikte. Diese sind Chancen zum Aufbruch und Durchbruch, Wege zu erneuertem Leben. Sie werden möglich, wenn Verweigerung für mich und für andere Klarstellung und Klarheit bringt.
Verweigerung ist, so betrachtet, das Bemühen, nicht zu lange im negativen Kreislauf der Schwächung zu verharren, sondern sich heilenden Kräften zu öffnen und so die eigene Identität zu stärken. Nur so gelingt jene Abgrenzung, die im Sinne guter Psychohygiene nötig ist, um unterscheiden und entscheiden zu können. Dann bedarf es nicht unnötigen Leidens oder Ertragens bis hin zur krankmachenden Resignation.
Bildung einschließlich der religiösen Dimension hat auf diesem Hintergrund ein vorrangiges Ziel darin, schon den jungen Menschen auf dem Weg zu würdig gestalteter Widerstandskultur zu begleiten. Diese soll immer eine Offensive auf befreiendes und befreites Leben hin sein, die Befähigung, Abhängigkeitsmechanismen aller Art zu erkennen, zu durchschauen, zu artikulieren und zu überwinden. Je mehr die Widerstandskultur die Würde der Menschen nicht nur wahrt, sondern erweitert, dabei auf Gewalt in Wort und Tat verzichtet, das Gegenüber nicht zum Feind macht

und Alternativen aufzeigt und lebt, die den Menschen heilvoller leben lassen, desto mehr wird ein Miteinander der Menschen möglich, das konfliktfreudig und versöhnend zugleich sein kann. So können Systeme aufgebrochen, Machtstrukturen aufgelöst, Hierarchien in Frage gestellt und Partnerschaften aus Gleichwertigkeit gestaltet werden, die jedem Menschen Würde und Wert umfassend wahren und vertiefen. Glaubende Menschen sollten sich im Ringen um diese menschenwürdige Widerstandskultur durch besonderes Engagement auszeichnen und dieses in der eigenen Glaubensgemeinschaft einüben. Wohl deshalb waren alle Propheten und Offenbarer Menschen des Widerstandes. Sie verweigerten das Mitspiel mit den Herrschsüchtigen, den Gehorsam gegenüber menschenverachtenden Ansprüchen und die Treue gegenüber Vorschriften, die nicht mehr der Befreiung und der Heilung dienten. Wer heute sich auf sie beruft und vom Ursprung spricht, ist auf diese würdevolle Widerstandskultur verpflichtet. Wo Autorität zum autoritären Verhalten, Gehorsamsverlangen zum Unterdrückungsmittel, Treueeide zur Selbstzerstörung und der Wahrheitsanspruch zur Selbstvergötzung wird, ist Verweigerung Tugend und Widerstand Menschenrecht und heilige Pflicht.

Wer sich so als Mensch in Würde aufrichtet, sein Rückgrat stärkt und so auch für andere ein Lebensbote wird, gleicht einem Baum, der auch auf Felsen wachsen und ihn mit Leben erfüllen kann. So wird, im übertragenen und eigentlichen Sinn, als Frucht der Widerstandskultur jene umfassende Heilung erfahrbar, die auch das Evangelium verkündet: „Blinde sehen wieder und Lahme gehen; Aussätzige werden rein und Taube hören; Tote stehen auf, und den Armen wird das Evangelium verkündet.“ (Matthäus 11,5)

Gott ist anders, als man uns erzählt(e)

„Herr, wie zahlreich sind meine Bedränger; so viele stehen gegen mich auf. Viele gibt es, die von mir sagen: ‚Er findet keine Hilfe bei Gott'. Du aber, Herr, bist ein Schild für mich, du bist meine Ehre und richtest mich auf." (Psalm 3,2–4)

Was hat man doch aus diesem aufrichtenden und befreienden Gott gemacht! Bis heute maßen sich Menschen an, diesen grenzenlosen Gott zu begrenzen, zu definieren und ihn nicht nur für sich selbst, sondern auch für andere festzuschreiben. Die Liebe Gottes, seine Lebensfülle, sein Wesen ... alles hat man versucht, in kleinkariertes Denken zu pressen, ihn als Druckmittel und Machtmittel zu mißbrauchen und ihn in menschlicher Sprache endgültig zu beschreiben. Wie armselig sind doch all diese Versuche, wie durchsichtig die dahinterliegende Strategie. Angeblich gescheite, fromme, rechtgläubige und mächtige Menschen maßen sich an, für andere zu wissen, wer Gott ist, wie er ist und wie andere ihn glauben dürfen. Und das Ergebnis? – Die Patientin, die mich verzweifelt fragt, warum sie zur Sühne verdammt ist! Der verbitterte Mann, der leidet, weil er, zum zweiten Mal verheiratet, Jesus im Sakrament nicht mehr begegnen dürfe! Die Frau in der Lebensmitte, der im Beichtstuhl gesagt wurde, daß Gott nicht will, daß sie nach den Wechseljahren mit ihrem Ehemann noch sexuelle Beziehungen hat! Die sterbenskranke Frau, die trotz ihres gereiften Lebens nicht Sterben und Tod fürchtet, aber schreckliche Angst vor dem angeblichen Gericht hat! Der junge Mann nach dem Unfall, dem daheim prophezeit wurde, Gott werde nicht zuschauen, wenn er schon vor Abschluß des Studiums ohne Hochzeit mit seiner Partnerin Gemeinschaft aufbaut! Das Kind, das schon sehr früh gelernt hat, daß Gott droht, schimpft und Rache nimmt! ...

Kämen solche Lebensbilder Seelsorgerinnen und Seelsorgern ab und zu unter, ginge es noch. Leider stehen diese Erfahrungen gleichsam auf der Tagesordnung pastoraler Arbeit.

Was haben wir nur aus Gott gemacht? Warum hören wir nicht auf, ihn zu definieren und für andere festzumachen?
Gott ist anders, als man uns erzählt hat und erzählt! Der Zugang zu dieser existentiellen Einsicht kann der Beginn einer neuen Lebens- und Liebesbeziehung mit unserem Gott sein. Das viele menschliche Beiwerk, mit dem Gott zugedeckt wurde und wird, ist bewußtzumachen und loszulassen, um das Göttliche in und um uns wieder in echter Seligkeit entdecken zu können.
Ist nicht das eingangs zitierte Psalmwort eine einzige Aufforderung, mich selbst staunend dem letzten Geheimnis zu öffnen? Ich soll mit meiner Sprache Gott loben, mit meinen Augen ihn sehen, mit meinem Herzen ihm begegnen, mit meiner Spontaneität ihn preisen und mit meiner Verwiesenheit mich ihm hingeben. Das kann heute anders sein als gestern, und es darf morgen ganz anders sein als heute. Nicht, wie man Gott benennen, erfahren und ihm begegnen darf, soll mich bewegen, sondern wie ich mit meiner jetzigen Reife und meinen aktuellen Möglichkeiten es schaffe, ist entscheidend. Ich muß es mir zutrauen, und ich muß es den anderen überlassen, wie sie es sich zutrauen.
Gott ist zu lebendig, zu grenzenlos und zu liebenswert, um ihn mir in die Enge, welcher Form auch immer, gießen zu lassen. Ich möchte ihn grenzenlos und undefiniert lassen, damit ich, in seiner Göttlichkeit geborgen, die Weite geschenkten Lebens erfahren darf. So bleibt die staunende Faszination stets neuen Suchens, neuen Fragens und Ringens, und ich darf in aller Ungeborgenheit und Ausgesetztheit liebende Geborgenheit finden. Dann klammere ich mich nicht mehr ängstlich und verkrampft an vorgegebene Definitionen, sondern erfahre mich eingewurzelt in das letzte Geheimnis, das mich sein und werden läßt. So darf auch ich mit lebensaktivierender Kraft erfahren, daß Gott wirklich anders ist, als man uns erzählt(e).
Vielen Menschen wurde „eingeimpft", daß es sich rächt, wenn das vermittelte Gottesbild hinterfragt, bezweifelt und befreiend verändert wird. Samenkörner wurden rechtzeitig gestreut, um für diese

Fälle wenigstens Schuldgefühle sprießen zu lassen. Leider haben es deshalb viele nicht geschafft, trotzdem Befreiung zu suchen und mit Gottes Geist selbst derartige Grenzen zu überschreiten. Voll Wut, Hilflosigkeit und Enttäuschung laufen dann Menschen Gefahr, das Kind mit dem Bade auszuschütten, nicht nur gegen die Art der Vermittlung zu protestieren, sondern die Vermittlung für den Ursprung zu halten und sich davon befreien zu wollen.

Die göttliche Liebe kann sich auch unvermittelt verschenken, das macht ihre Grenzenlosigkeit aus. Sie ist nicht gebunden an Strukturen und menschliche Zulassungsbedingungen, sondern sie bahnt sich direkt den Weg zu offenen Herzen.

In aller Welt gestalten Menschen in ihrer Art, nach ihren Möglichkeiten und in ihrem Sein ihre Liebesgeschichte mit Gott. Es gehört zum Wesen einer Liebesgeschichte, daß nur die betroffenen Liebenden selbst sie für sie stimmig gestalten können. Niemals wäre sie erfüllend, würde sie von außen entworfen, programmiert, geordnet und in ihrem Verlauf reglementiert. Sie würde sofort aufhören, eine Liebesgeschichte zu sein. Und mögen Angehörige oder Bekannte den Liebenden noch so nahestehen und sie wohlwollend begleiten, bleibt, von außen betrachtet, doch alles nur Stückwerk. Das Eigentliche und Wesentliche können nur die Liebenden selbst einander mitteilen und wahrnehmen. Wenn das schon liebende Menschen so einmalig erfahren, um wieviel mehr gilt dies für die Liebesgeschichte Gottes mit dem Menschen?

Würden liebende Menschen je auf die Idee kommen, in der Gestaltung ihrer Liebe von Rache und Strafe, von Sühne und Hölle zu reden, um ihrer Liebe Dauer und Intensität zu sichern?

Gott ist anders, als man uns erzählt(e)! Diese Erfahrung machen viele Menschen in aller Welt, in allen Kulturen und Religionen. Vielen ist es keine drängende Frage mehr, wer denn nun ganz oder mehr recht hat und Gott am genauesten definieren kann, und sie möchten diesen Streit loslassen, weil er nur tiefer in Enge, Rechthaberei und Verachtung führt.

Vielen ist es wichtiger, ihre Erfahrungen mit dem liebenden Gott ganzheitlich einander zu erzählen, ohne sie dann auf einen Nenner zu bringen. Worte, Zeichen, Gesten, Gesänge, Tänze... reichen ohnedies nie, um Gott darzustellen, wie er ist. Ist er doch immer auch ganz anders.

Wo Menschen Gott im Donner vermuten, kommt er im Säuseln des Windes; wo Menschen ihn mit Sicherheit nicht erwarten, ist er plötzlich zugegen; wo die Gerechten und Frommen ihn mit Sicherheit orten, sind nicht einmal Spuren von ihm zu entdecken, und wo selbsternannte Zensoren ihm die Gegenwart versagen, ist er längst zugegen.

Der Geist Gottes weht, wo er will. Gesagt ist das leicht! Es wirklich zu glauben, verändert fast alles.

„Kommt, laßt uns jubeln vor dem Herrn und zujauchzen dem Fels unseres Heiles! Laßt uns mit Lob seinem Angesicht nahen, vor ihm jauchzen mit Liedern!" (Psalm 95,1–2). So oder ähnlich haben schon vor langer Zeit Menschen ihre Freude ausgedrückt und einem Gott die Treue gelebt, den sie in ihrem Leben befreiend und heilend erfahren haben.

Sie und ich erleben Gott anders, beschreiben und erfahren ihn anders. Trotzdem oder gerade deshalb ist er unsere Verbindung, unser gemeinsames Feuer, das uns Lebendigkeit schenkt. Daß Sie ihn im Moment anders erfahren als ich, spricht weder gegen uns noch gegen Gott, sondern für seinen Reichtum an Leben und Liebe, für die unbeschreibliche Farbenpracht, in der auch wir uns in Einmaligkeit wiederfinden. Mir wird warm ums Herz, wenn ich neu erlebe, daß Gott anders ist, als man uns erzählt(e).

Meinen sie wirklich dich, guter Gott?

Sie reden ständig von Sünde, Schuld, Sühne, Opfer, Strafe, Elend, Rache, Vergeltung, Versuchung, Todespein, Genugtuung, Gericht, Hölle und ewigen Qualen.

Meinen sie wirklich dich, guter Gott?

Sie besingen Leiden, Wunden, Blut, Erniedrigung, Geißeln, Kreuz, Schmerz und Pein.

Meinen sie wirklich dich, guter Gott?

Sie fordern Selbstunterdrückung, Selbstbestrafung, Selbstverachtung, Selbstanklage, sogar Selbstverletzung.

Meinen sie wirklich dich, guter Gott?

Sie zeichnen Bilder des Grauens, des Schreckens, des Zornes, der Heimzahlung und des Unterganges.

Meinen sie wirklich dich, guter Gott?

Sie sind fixiert auf Versuchung, Verführung, Versäumnis, Verachtung und Verdammung.

Meinen sie wirklich dich, guter Gott?

Du sprichst vom Wasser, vom Brot, vom Licht, vom Leben,
von Heilung, von Trost, von Gelingen,
vom Guten Hirten, von der Stadt auf dem Berg,
von Wachstum und Reifung, vom blühenden Garten,
vom Hochzeitsmahl, vom ausgiebigen Feiern und von der Fülle des Lebens.

Du meinst eben wirklich uns, guter Gott!!

Religiosität personalisieren

Wir erleben heute bereits auf breiterer Basis, was Viktor Frankl schon vor vielen Jahren analysiert hat: „Wir gehen nicht auf eine universale, vielmehr auf eine personale – eine zutiefst personalisierte Religiosität zu, eine Religiosität, aus der heraus jeder zu seiner persönlichen, seiner eigenen, seiner ureigensten Sprache finden wird, wenn er sich an Gott wendet." (Viktor E. Frankl)
Immer mehr Menschen fragen sich heute, ob ihre übernommene oder auch gewachsene Religiosität nicht allzusehr vom Institutionellen durchwirkt, geprägt und eben auch behindert ist. Während für viele (noch) glaubende Menschen die personalisierte Religiosität wahrhaft Traum und Hoffnung ist, wird sie für (noch) Mächtige im institutionellen kirchlichen Bereich zum Alptraum.
Die einen freuen sich darauf, daß Religiosität wieder im Sinn von Ursprünglichkeit und Echtheit zutiefst personal und damit auch befreiend spontan sein darf, die anderen definieren, normieren und dekretieren, soviel sie können, um der Realisierung von Freiheit, Selbständigkeit und Mündigkeit möglichst Einhalt zu gebieten.
Letztere sind von Angst und Panik erfaßt und setzen im Grunde die Institution an die Spitze, um sie – und mit ihr vordergründig ihre Macht und ihren Einfluß – retten zu können. Die Dynamik in Richtung Personalisierung der Religiosität ist aber allen Interventionsversuchen zum Trotz in vollem Gange. Für die große Mehrheit der glaubenden Menschen wird die Zukunft der wahrhaft personalisierten Religiosität gehören. Es ist zutiefst ursprünglich und der Individualität des Menschen, seiner Einmaligkeit und seiner Reifungsmöglichkeit entsprechend, personal religiös zu sein. Wie der Sinn im Leben und des Lebens, nach V. E. Frankl, nicht verordnet werden kann, sondern persönlich gesucht, erfragt, errungen, gestaltet und gefunden werden muß, so ist der Mensch gerufen, seine Religiosität zutiefst personal zu gestalten.
Durch die Übergriffe der Institution haben bis auf den heutigen Tag

viele Menschen verlernt, in ihrer Sprache Verwiesenheit zu artikulieren und sich Gott zu nähern und ihm zu begegnen. Aus glaubender Sicht hat Gott sich in jedes Menschenherz auch in Form unvergleichlicher Sehnsucht des Geliebten nach dem Liebenden potentiell grundgelegt, und der Mensch darf und soll in aller Freiheit und Verantwortung selber Stellung nehmen und entscheiden. Von außen sollte dabei nur sehr behutsam motiviert und gestützt werden. Aber jede Institution scheint der Versuchung zu erliegen, statt behutsam Geborgenheit und Stärkung anzubieten, sich dem Zugriff und dem Eingriff zu verschreiben. So wird aus dem anfänglichen Bestaunen des Geheimnisses der Versuch, es zu besitzen, zu definieren und mit Macht nach eigener Richtschnur zu verteilen. Einige wenige maßen sich dann an, anderen vorzuschreiben, wie sie denken, beten, feiern, suchen und antworten dürfen, ob sie Gott direkt oder indirekt begegnen und wie sie überhaupt Religiosität vollziehen dürfen. So wurden und werden viele ihrer ursprünglichen, eigenen Religiosität entfremdet und Leben und Glauben unheilvoll getrennt.
Der für so viele glaubende Menschen begonnene Weg der Personalisierung ihrer Religiosität wird eine große Chance sein, institutionelle Überwucherungen loszulassen, sich aus Herrschaftsansprüchen zu befreien und Gott zuallererst einmal wieder in Einmaligkeit, Individualität und Spontaneität begegnen zu können. Aus diesem Nährboden lebensbezogenen Glaubens wird auch die Sehnsucht nach Gemeinschaft neu erwachen und erneuert, losgelöst von alten Strukturen gestaltet werden. Die zunehmende Personalisierung der Religiosität wird zu einem neuen Erwachen und Aufblühen führen. Die Mitte werden nicht mehr verordnete Strukturen, Hierarchien und Definitionen sein, sondern die Erfahrung, daß der biblische Gott jeden Menschen mit seinem Namen ruft und dieser ganz persönlich, einmalig, frei und spontan seine Antwort gibt und immer mehr lebt, individuell und dann verwiesen auch in Gemeinschaft.
In der katholischen Kirche hat das Zweite Vatikanische Konzil

zahlreiche Impulse gesetzt, um erstarrte Strukturen aufzubrechen und das institutionelle Moment zu hinterfragen. Die Entwicklung hat dann aber einen Weg genommen, der dazu geführt hat, daß nicht einmal die damals gewünschte Erneuerung umgesetzt wurde. Während heute darüber diskutiert werden muß, ob die damals entworfene Erneuerung überhaupt umgesetzt werden darf, wären längst schon die weiteren Aufbrüche notwendig. So sind viele glaubende Menschen des Wartens und Hoffens müde geworden. Viele von ihnen können nicht mehr glauben, daß die nötige grundlegende und umfassende Erneuerung noch stattfinden wird.
Eine alte Weisheit sagt, daß das Leben jene bestraft, die zu spät kommen. Wenn eine Gemeinschaft die richtige Zeit für wesentliche Erneuerung versäumt, verliert sie nicht nur ihre begeisternde Strahlkraft, sondern läuft Gefahr, ihre eigentliche Aufgabe nicht mehr ausreichend wahrzunehmen, und beginnt so, sich selbst von innen her in Frage zu stellen. Das ist der tatsächliche Übergang von der lebendigen Gemeinschaft zur erstarrenden Institution. Glaube wird immer Gemeinschaft stiften und ihrer bedürfen, nicht aber auf erstarrte Institutionen angewiesen sein. Institutionen, die zum System geworden sind, vergehen, wenn ihre Zeit um ist. Gemeinschaften wachsen immer wieder neu.
Wer die Personalisierung der Religiosität ohne Panik und Angst in echtem Gottvertrauen zulassen und sogar fördern kann, braucht nicht zu fürchten, daß personalisierte Religiosität in den Glaubensabfall oder die Selbstisolation des einzelnen Menschen führt. In der personalisierten Religiosität entspricht der Spontaneität des göttlichen Geistes die Spontaneität des glaubenden Menschen am intensivsten, ehrlichsten und lebendigsten. Die Begegnung Gottes mit dem Menschen geschieht ursprünglich immer im Umfeld der Einmaligkeit und Einzigartigkeit.
Gott ruft zuallererst jeden Menschen mit seinem Namen und wendet sich ihm vom ersten Augenblick des Seins ganz persönlich zu, und Glaube ist immer höchst persönliche Antwort des einzelnen Menschen an den liebenden Gott, der ihn in der Mitte des Seins

zärtlich berührt hat. Auch das Gewissen des Menschen ist dieser liebenden Begegnung zugeordnet und deswegen qualifiziertester und letztgültiger Entscheidungsträger des Menschen.

Personal und individuell gestaltete und mutig verantwortete Religiosität erfüllt den Menschen mit so viel Freiheit, lebenspendendem Geist und göttlichem Elan, daß die davon begeisterten Menschen ihre eigenen Grenzen aus der Verwiesenheitserfahrung durchbrechen und mit anderen in und aus ihren Lebens- und Glaubenserfahrungen kommunizieren. Je spontaner, freier und vielfältiger dies, auf die jeweiligen Situationen bezogen und den jeweiligen Menschen entsprechend, sich ereignen darf, desto mehr wird wachsende Gemeinschaft nicht zum Hindernis, sondern zur Förderin personaler Religiosität.

Personal und individuell gestaltete Religiosität ist auch bester Nährboden für umfassende Humanität und Toleranz. Wie Menschen Gott benennen, wie sie mit ihm sprechen, wie sie sich von ihm und seiner Liebe erfassen lassen und wie sie aus der geschenkten Geistfülle ihr Leben segensvoll gestalten, braucht dann nicht mehr Wurzel und Ursache für lebens- und menschenverachtende Strategien und Strukturen sein.

Die Analyse und Perspektive Viktor Frankls, daß wir auf eine personale, eine zutiefst personalisierte Religiosität zugehen, ist aus glaubender Sicht eine geisterfüllte, hoffnungspendende und wahrhaft aktivierende Vision, die gerade heute ängstliche Menschen zu zuversichtlichen, enttäuschte zu engagierten, niedergeschlagene zu aufrechten und zweifelnde zu überzeugten Menschen wandeln kann. Die Realisierung dieser Vision wird noch viele Menschen zu sich finden und über sich hinauswachsen lassen. So viel vermag göttliche Liebe! So viel vermögen Menschen, die in zutiefst personalisierter Religiosität darauf Antwort geben!

Zeitenwende als persönliche Wendezeit

Aus verschiedensten Blickwinkeln wird unsere Zeit als Zeitenwende angesehen. Natürlich ist es etwas Besonderes, wenn ein Jahrtausend sich dem Ende zuneigt und ein neues sich den Weg bahnt. Noch bewegender sind sicher die gewaltigen Umbrüche, die derzeit weltweit, in Europa, aber auch in unserer Gesellschaft vor sich gehen. Strukturen, die unveränderbar schienen, beginnen zusammenzubrechen, gesellschaftliche Rahmenbedingungen, die lebensnotwendig schienen, haben ausgedient, und Einstellungen, die den Geruch des Ewigen an sich hatten, erfahren radikale Umgestaltungen. All diese Erschütterungen, Umbrüche und Veränderungen dürften es rechtfertigen, allen Ernstes von einer Zeitenwende zu sprechen. Wer sich von den damit verbundenen Ängsten vor dem Neuen und Ungewohnten nicht in die Lähmung treiben läßt, sondern diese gestaltet, kann es als faszinierend erleben, in einer solchen Zeitenwende zu leben und diese mitgestalten zu dürfen.
In einer bewegten Zeit zu leben kann zur Einladung werden, auch im persönlichen Leben Wendezeit zu wollen. Leben ist so lange spannend und faszinierend, solange der Mensch nicht funktioniert, sondern existiert. Dazu gehört das ehrliche Ja zum Risiko, zum Probieren und zum Verändern. Wer immer beim Alten bleibt, altert rasch!
Persönliche Wendezeit heißt für mich, neue Dimensionen, Möglichkeiten, Fähigkeiten und natürlich auch Grenzen in mir und um mich zu erfahren und zu gestalten. Wir sollten einander in allen Lebensbereichen, besonders auch in der Erziehungsarbeit und im Bildungsbereich, viel mehr dazu motivieren und ermutigen. Wenn ich immer nur im Vertrauten und Bekannten verharre, wird mein Horizont klein bleiben, und ich werde in Erstarrung landen – enttäuscht, frustriert und im Grunde leblos. Wo ich mich aber vom Geheimnis des Lebens locken lasse und dafür das Wagnis nicht scheue, entdecke ich die faszinierende Vielfalt echter Kreativität

und kann wieder atmen! Persönliche Wendezeit kann verlangen, alte Fesseln zu sprengen, alte Formeln nicht mehr zu wiederholen, alte Muster zu verlassen, alte Gedanken nicht mehr zu denken und alte Blokkaden zu überwinden. Meist beginnt der neue Weg mit der Erkenntnis: Ich bin anders, als man mich haben will! Ich kann mehr, als man mir zutraut! Ich werde „er-wachsen" und beginne selber zu leben!
Ich begegne so vielen Menschen, die im Grunde anders sein möchten, die ausbrechen und selber leben möchten, weil sie die Möglichkeiten ihrer Freiheit entdecken und ahnen, daß ihr Leben für sie weit mehr bereithält, als sie bisher vermuteten. Viele brauchen einen existentiellen Anstoß, eine Erschütterung, eine Begleitung oder die Begegnung mit einem Menschen, der schon aufgebrochen ist und ansteckend wirkt.
Es ist eine Auferstehung; wie das Aufspringen von Knospen, wie die Entfaltung einer Blüte, wie der Aufgang der Sonne oder die Entdeckung einer Quelle, wenn ein Mensch sich befreit, sich aufrichtet und selbständig zu leben beginnt und mutig zurückläßt, was ihn festhalten möchte. Viel Trauerarbeit ist zunächst gefordert, um sich von der vertrauten Beharrlichkeit, Verwurzelung, Gewohnheit und Bequemlichkeit zu lösen und dem Ungewohnten und zunächst Fremden zu trauen! Vor dem endgültigen Lösen vom Alten ist es heilend, gut Bilanz zu ziehen, Offengebliebenes einzugestehen, Wut zuzulassen, dem Schmerz Ausdruck zu ermöglichen und Enttäuschungen nicht zu verdrängen. Dann aber mag der Übergang zum Neuen, die Faszination des Aufbruchs und die Erwartung dichterer Lebensqualität die Versöhnung mit dem Alten fördern. Die Bitterkeit über die Erfahrung, zuwenig selber gelebt zu haben, wird dann in selbstbewußte Zuversicht gewandelt, daß die Wendezeit der Anfang neuer Lebensqualität ist. Es ist das Leben selbst, das uns unruhig macht und uns so einlädt, es zu ergreifen und staunend zu gestalten.
Zu oft wurde in der Vergangenheit Umkehr als Wende zum Alten verstanden und verkündet. Echte Wende ist immer Aufbruch in

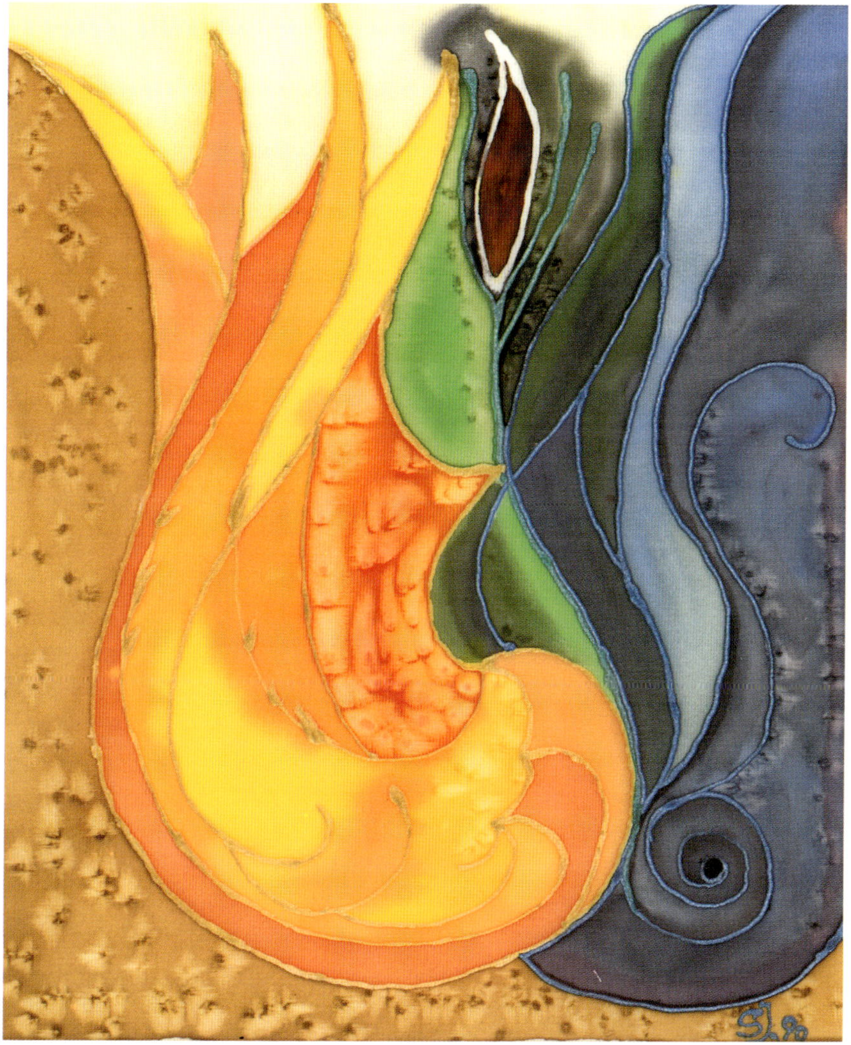

ganz neue Dimensionen erweiterter Lebensräume. Der Begriff Umkehr erinnert zu viele an Reparatur, Wiederherstellung und Aufblühen des Alten. Da hilft es in der Praxis oft wenig, darauf zu verweisen, daß es um Rückkehr zu den Wurzeln ginge. Auch alle Hinwendung zum Ursprung bedarf der Ausrichtung hin auf das Fortschreiten, sonst wird auch die „Wurzelarbeit“ zum Rückschritt. Persönliche Wendezeiten sind Chancen für anderes, für neues Leben und somit Einladung zum Probieren, zum Wagnis und zur ungewohnten Gestaltung. Persönliche Wendezeiten sind geprägt durch Bruchlinien, durch Abkehr von überholten Werten und dem Loslassen veralteter Ideale. Was gestern noch Lebensfeuer bot, kann heute schon verglühte Asche sein, die kein Nährboden für neues Feuer ist. Persönliche Wendezeit ist auch dort, wo ich aufhöre, Altes endlos anzuschauen, aufzuwärmen und weiterzuschleppen. Wenn ich Altes loslasse, wird mir neues Licht geschenkt, das sich in mir und um mich ausbreitet und alle Reste alten Dunkels durchströmt und auflöst.
Persönliche Wendezeit ist jene Betroffenheit, die mich bewegt und antreibt, die mich über mich selbst hinauswachsen läßt und mich fordert, Klarheit zu schaffen und diese zu leben. Das Wofür wird wichtiger als das Woher, die Offenheit auf Zukunft hin entscheidender als die Treue zur Vergangenheit.
Daß unsere Zeit schnellebiger ist und noch wird, konfrontiert uns sicher mit dem Problem der Hektik und auch der Oberflächlichkeit. Aber andererseits erhöht die rasche Vergänglichkeit der Zeit auch die Veränderungsbereitschaft der Menschen. Die Zeit ist im Fluß und wir mit ihr. Das bindet uns ein, läßt aber immer noch genug Spielraum für kreative Gestaltung.
Eingliederungen, Initiationen, Pragmatisierungen und Bindungen an Ideale legten und legen nicht selten Menschen schon frühzeitig auf Festgefügtes und Unveränderbares fest. Treue wurde belohnt und Systeme damit gesichert. „Für immer!“ wurde als Formel zur Richtschnur, Erstarrung und Einordnung wurden zur Regel. Der Bruch dieser Spielregeln scheinbar geordneten Lebens und verord-

neter Ruhe gehört zu den wesentlichen Kennzeichen der Zeitenwende, die wir derzeit umfassend erleben. In diesem Sinne sind nicht nur viele Begriffe überholt, sondern auch deren Inhalt neu zu gestalten.

Was soll Treue, wenn sie den Menschen an der reifenden Entwicklung behindert? Was soll Gehorsam, wenn er den Menschen in seiner Freiheit und mündigen Verantwortung blockiert? Was soll Ergebenheit, wenn damit Unterordnung den Beginn der Selbstaufgabe bedeutet? Was soll die Rede von Wahrheit, wenn damit subjektives Empfinden anderen als Norm aufgezwungen wird? Was soll Disziplin, wenn damit Kreativität unterdrückt und Lebenshoffnungen zerstört werden? Was soll die Forderung nach Opfer, wenn damit der Lebenswille gelähmt, Schmerz nicht ausgeschaltet und Leid nicht überwunden wird?

Persönliche Wendezeit heißt Abschied nehmen von dem, was ich in ehrlicher Gewissensprüfung als für mich überholt, zerstörend und krank machend erfahre.

Viele Menschen erfüllt es heute schon mit Dankbarkeit, in einer Wendezeit leben zu dürfen, wo vieles sich von selber auflöst, was nicht wert ist, von der Vergangenheit in die Zukunft gerettet zu werden.

Es wird kein Zufall sein, daß derzeit so vieles zusammenbricht und Überholtes sich auflöst. Mir kommt es vor, als ob das Feuer des Geistes einen Flächenbrand entfacht hätte, der geradezu beschleunigend reinigt und auf Neues hin leuchtet. Mir gefällt dieses Feuer und sein warmes Licht! Ich möchte mir mein Licht holen – nicht mehr fragend, was gestern war, sondern was morgen auf mich wartet. Daß mich das nicht mit Angst erfüllt, sondern mit Zuversicht, schenkt mir nicht nur das Erlebnis neuer Freiheit, sondern ist für mich eine persönliche Wendezeit.

Ich bin dankbar, jetzt, heute, in dieser Zeit leben zu dürfen!

Und Sie?

Wende

Es geht so schnell,
und du siehst die Blumen nicht mehr,
hörst die Vögel nicht mehr,
und du bestaunst die aufgehende Sonne
am Morgen nicht mehr.

Es geht so schnell,
und du gönnst dir die Zeit am Brunnen nicht mehr,
du findest die Kraft zum Lauschen der Musik nicht mehr,
und du stehst nicht mehr vor dem
so ansprechenden Baum.

Es geht so schnell,
und du siehst den einladenden Blick nicht mehr,
du spürst die erregende Sinnlichkeit nicht mehr,
und du spielst die kreativen Spiele
der Liebe nicht mehr.

Es geht so schnell,
und du wirst ständig
gebraucht, mißbraucht und verbraucht.

Da ist es schon wahrhaft ein Segen,
wenn du zum Innehalten gezwungen wirst –
daraus anders wirst
und neu zu leben beginnst.

Meine Lebenszeit ist kostbar

Ver sich selbst nichts gönnt, wem kann der Gutes tun? Er wird inem eigenen Glück nicht begegnen. Keiner ist schlimmer daran einer, der sich selbst nichts gönnt, ihn selbst trifft die Strafe für ine Mißgunst … Mein Sohn, wenn du imstande bist, pflege dich bst; soweit du kannst, laß es dir gutgehen … Versag dir nicht das ück des heutigen Tages; an der Lust, die dir zusteht, geh nicht rbei! …" (Jesus Sirach 14, 5–6.11.14.)

ele dieser und ähnlicher Ermunterungen zum ganzheitlichen rkosten des geschenkten Lebens sind in der kirchlichen Verkündigung längst verlorengegangen. Die versuchte Ausklammerung der Selbstliebe aus dem biblischen Liebesgebot hat so die innere Harmonie des dreidimensionalen Liebesgebotes (Selbst-, Nächsten- und Gottesliebe) aufgelöst und viele Menschen in die Lebensverarmung geführt. Auch deshalb erleben wir heute aus der Ursehnsucht des Menschen nach Ganzheit den tiefen Wunsch nach Individualisierung. Nur wenn der Mensch wieder sich selbst zu entdecken, finden, bejahen und lieben vermag, wird auch der Weg zum Du wieder spannend, einladend und gangbar. So darf und soll ich erkennen, daß meine Zeit zu kostbar ist, um mir selbst entfremdet zu leben. Meine begrenzte Lebenszeit lädt mich ein, mir jeden guten Augenblick zu gönnen und zu verkosten und jeden schweren aus meiner Einmaligkeit heraus individuell zu gestalten. Das ist nicht das Genießen um jeden Preis und auf Kosten anderer, sondern das behutsame und verantwortungsvolle Ergreifen der mir angebotenen und dadurch zustehenden Kostbarkeiten meines Lebens. Die eigene Lebenszeit und das Wissen um ihr rasches Fließen ist im Grunde tiefste und ständige Motivation, die Gestaltung des eigenen Lebens selber in die Hand zu nehmen und nicht an andere zu delegieren. Viele Frustrationen, Resignationen, Aggressionen und Depressionen haben ihre Wurzeln wesentlich in der Verdrängung der Lebensimpulse und somit in der Weigerung, der Einladung zum Leben möglichst umfassend nachzukommen. Verstärkt wird der dann entstehende Leidensdruck durch die auf Dauer nicht unterdrückbare Erkenntnis, daß andere bewußt oder unbewußt mich am Leben hindern. Bei vielen Menschen wird mit zunehmenden Jahren dieser Leidensdruck immer stärker. Eingelernte Verhaltensmuster und aufgezwungene Strategien verhindern das Zulassen wachrüttelnder, energiegeladener, aggressiver Kräfte des Aufschreies und der Hinwendung zum Leben und lassen mangels ausreichenden Selbstwertgefühls die Flucht in die Unterdrückung antreten. Isolation, Depression und Lebensverarmung bis hin zur Selbstzerstörung bahnen sich dann nicht selten als Lebensausklang an.

Selig, wer derartige Vorgänge um sich und in sich recht-zeitig erkennt und konsequenter zu leben beginnt. Glücklich, wer aus dem Verrinnen der Lebenszeit sich aufrafft und aufhört, seine Lebensgestaltung an andere zu delegieren bzw. sie sich von anderen aufdrängen und aufzwängen zu lassen. Nachahmenswert, wer selber zu hören, zu sehen, zu fühlen, zu entscheiden und auszuführen beginnt, statt sich selbst entfremdend preiszugeben. Faszinierend, wenn Menschen nach vielen schon gelebten Jahren es wagen, trotzdem in Zukunftsorientierung aus der Lebenslähmung auszubrechen, sich selbstbewußt zu erheben und durch kreative Gestaltung sogar den Lebensabend zu einem taufrischen Lebensmorgen umzugestalten.

Die Kostbarkeit der Lebenszeit möchte uns auf den Geschmack bringen, „jetzt" zu leben, die Begrenzung der Lebenszeit möchte uns drängen, der Zeit Qualität und Fülle zu ermöglichen, die schon vergangene und so nicht mehr gestaltbare Zeit möchte uns aufwecken und mahnen, es mit der Zukunft anders zu halten, und die Erwartung der kommenden Zeit will uns einladen, daß noch Zeit ist, anders, neu zu werden, unser wahres Selbst zu finden.

Beinahe in jeder Begleitung von Menschen in Grenzsituationen wird die Frage nach der Gestaltung der bisherigen Lebenszeit als zentrales Anliegen artikuliert. Einige dieser Erfahrungen, die mich

besonders betroffen gemacht haben, möchte ich für Sie zum Innehalten hier einbringen.
Ein älterer Mann wurde bei einem Unfall schwer verletzt. Die ersten Jahre seit der Pensionierung hatten insgesamt noch nicht die zunächst erhoffte Reduzierung der Arbeit gebracht. Der Unfall und seine langwierigen Folgen wurden zur größten Lebenskrise. Rückblick und Ausblick wurden für ihn zur Qual. Immer wieder konfrontierte er mich mit der Frage, ob denn das nun sein Leben gewesen sein soll. Er wurde gequält vom Gefühl, noch nicht wirklich gelebt zu haben. Die Erfüllung der besonders schönen Lebensträume hat er sich für die Zeit der Pension reserviert. Und plötzlich brach alles zusammen, und alles schien sinnlos. Nicht nur einmal fragte er, sich selber anklagend, warum er nicht früher anders zu leben begonnen habe. Er hatte eine sehr schwere Zeit, in der sich Verbitterung, Verzweiflung und Sinnlosigkeitserfahrung zu einem Chaos vermischten, das ihn existentiell beinahe erdrückte. Auch ich fragte mich in den Gesprächen mit ihm, warum er nicht wirklich früher zu leben begonnen hatte. Ich habe seine Frage gehört und selber wieder einmal innegehalten. Ob er noch zum Leben gekommen ist, habe ich nicht mehr erfahren.
Eine Frau in der sogenannten Mitte des Lebens litt an Krebs. Sie erzählte mir zunächst viel von ihren Kindern und ihrem Mann und daß sie für sie alles aufgegeben habe: Beruf, Weiterbildung, Erfüllung persönlicher Wünsche … Obwohl sie ihren Mann liebte, ging sie der sexuellen Begegnung aus dem Weg, so gut sie nur konnte. Dazu wechselte sie oft in die Rolle der Kranken. Ihren Körper lehnte sie ab, ihre Gefühle unterdrückte sie, und die zunehmenden Depressionen raubten ihr den Rest an Lebensfreude. Nachdem sie die Diagnose ihrer bedrohlichen Krankheit erfuhr, suchte sie einen Priester auf und vertraute sich ihm mit ihrem Schicksal an. Wie die Frau es mir schilderte, lobte sie der Priester für ihr tugendhaftes Leben und empfahl ihr, nun ganz jungfräulich zu leben und, wenn es sein müßte, dem Herrgott das Leben zu opfern. Die Frau war hin- und hergerissen zwischen ergebener Annahme dieses Rates und

innerlich wütendem Protest gegen diese Wegweisung. Zu den Qualen der Krankheit kamen Ängste, Schuldgefühle und verstärkte Depressionen. Im Laufe der Monate nach der Krebsoperation und der folgenden Krebsnachbehandlung wurde die Krise zur Chance, und die Frau nützte sie. Sie arbeitete in wahrer Höchstleistung Vergangenes auf, fand zum „Trotzdem" und „Jetzt erst recht", ließ ihr altes Gottesbild los und begann, ihr Leben selber zu gestalten. Sie fand und gestaltete Versöhnung mit jenen, die ihr die Lebensblockaden vererbt und vermittelt hatten, und ließ sie allesamt in Frieden los. Sie begann, wie sie selbst später sagte, erstmals bewußt und intensiv zu leben. Sie wußte und weiß noch nicht, wieviel Zeit ihr noch bleibt. Aber sie weiß, daß diese Zeit kostbar ist, und sie lebt sie gezielt und ganzheitlich. Es hat mich beeindruckt, wie sie mir sagte, daß sie sich selbst noch nie so gemocht und sich selbst noch nie soviel Gutes getan hatte wie jetzt. Sie hat sich selbst und ihr eigenes Leben gefunden. Nach meinem Empfinden hat diese Frau Heilung erlangt, selbst wenn die Krankheit noch weiter zuschlägt.
Ich betrachte es als Segen und Gnade, immer wieder mit Menschen in Grenzsituationen unterwegs sein zu dürfen. Alles Geben, das mir oft viel abverlangt, wird letztlich immer wieder zum heilenden Empfangen. Wo sollte ich mehr lernen als bei Menschen, die an Schnittpunkten ihres Lebens stehen, wo die Fragen meines Lebens an mich deutlicher vernehmen als bei Menschen, die alles in Frage stellen, und wo soll ich deutlicher die Mahnung hören, daß meine Lebenszeit kostbar ist, als wenn ich Menschen begleite, die an der Grenze angelangt sind. Meine Lebenszeit ist kostbar. Dies zu wissen ist gut. Dies in stets neuem Versuch zu leben schenkt Erfüllung!

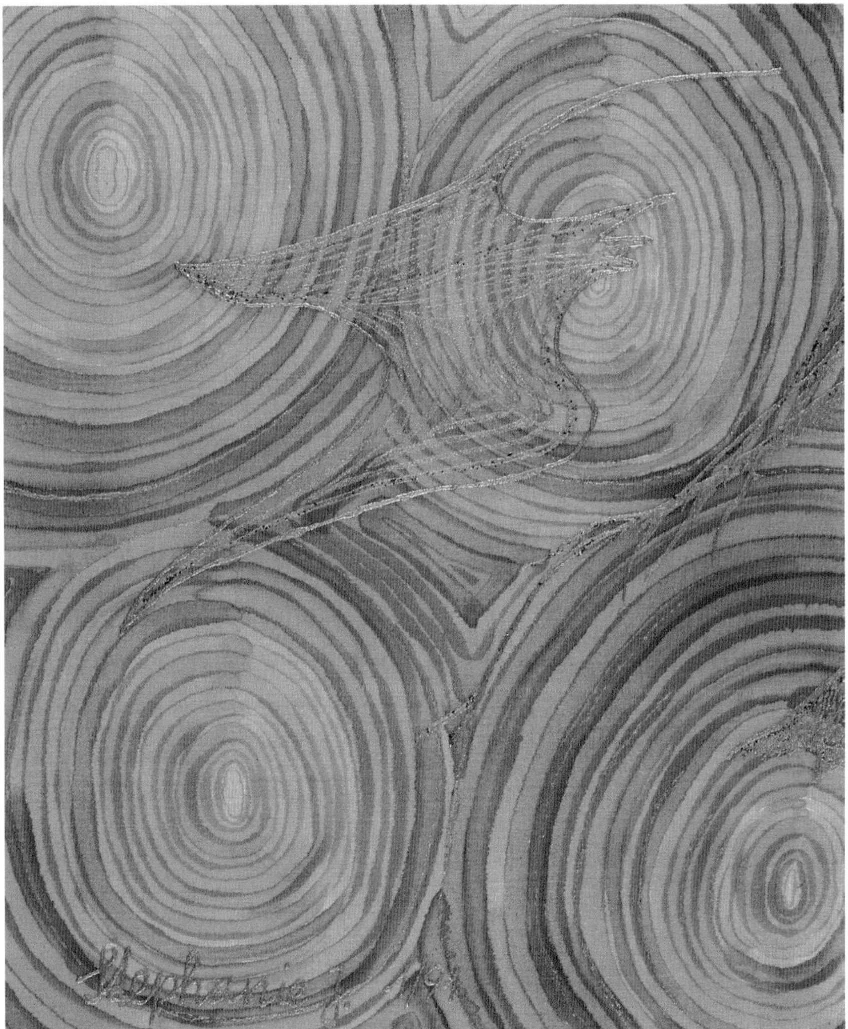

So lange schon

gelenkt
getrieben
abhängig
blutend
angepaßt
ergeben
unterworfen
... ...

Noch lange kein Hindernis

wach zu werden
mich aufzurichten
mir Wege zu bahnen
meine Fesseln zu sprengen
das Leben dem Tod vorzuziehen
und
in Zukunft
ganz anders
zu sein.

Durchbruch zum Licht

Zu den verhängnisvollsten Entwicklungen im Bereich des Christlichen gehört es, daß das Kreuz, das Dunkel und der Tod so in die Mitte gerückt wurden, daß die eigentliche Mitte, nämlich Auferstehung, Licht und Leben, zur vergessenen Dimension wurde. Durch die einseitige Fixierung auf Kreuz und Tod hin rückten Gedanken der Sühne, der Strafe und der Lebensverneinung immer mehr in das Zentrum des Verkündens und Feierns. Es ist zu wenig, in Nebensätzen darauf hinzuweisen, daß das Kreuz ohnedies auch auf das Weiterleben hinweise. Im Denken und Beten vieler Menschen blieb die Ausrichtung auf das Dunkel hängen und begann alles zu beherrschen.

Schauen wir auf die Symbole, die Sprüche, und lesen wir die Gebete und Liedtexte: Das Dunkel steht im Vordergrund. Dies geht so weit, daß in einer geradezu übertriebenen Weise behauptet wird, daß das Leben Jesu von vornherein und insgesamt auf das Sterben ausgerichtet war. Als ob er nur sterben und sühnen und nicht leben wollte!

Dunkel, Last, Schmerz, Leid und Elend gibt es genug. Aufgabe der Religion ist es nicht, dieses Dunkel ständig zu benennen, herbeizureden und in den Menschen als Fixierung wachzuhalten und zu unterstreichen. Das Dunkel muß als Realität ernstgenommen und darf nicht verdrängt werden. In aller Realitätsbezogenheit brauchen die Menschen aber Hilfestellung und Ermunterung, um sich dem Durchbruch zum Licht hin öffnen zu können. Wer ständig vom Dunkel redet und gedanklich in ihm kreist, wird selber immer mehr Gefangener des Dunkels; wer aber trotz oder gerade wegen allen Dunkels sich umfassend dem Licht zuwendet, wird auch vom Licht getragen und geheilt. Echter Glaube läßt den Menschen auch dort Licht erahnen und erspüren, wo das Dunkel noch beherrschend ist. In diesem Sinne wären viele Korrekturen im kirchlichen Bereich längst fällig gewesen. Es wäre gleichsam eine Radikalumkehr im Sinn einer neuen Offenheit auf den Ursprung hin nötig, um sich in allen Grundvollzügen dem Licht, dem Leben, der Heilung und der Erfüllung anvertrauen zu können. Alles Verkünden, Feiern und Gestalten müßte den Tunnel des Dunkels, der Angst, der Leid- und Todbezogenheit, der Enge und der Lebensverneinung verlassen und vom Durchbruch auf Licht hin abgelöst werden. Dies geht nur in radikalem Machtverzicht und der Aufgabe aller todorientierten Strukturen und Strategien. Es müßte umfassend Leben einziehen und sich verbreiten können.

Alles deutet darauf hin, daß die Neuorientierung auf Licht und Leben hin von der Basis her wachsen muß. Wir brauchen Menschen, die Licht suchen, seiner Strahlkraft Raum und Zeit geben und sich selber vom Licht erhellen und erwärmen lassen. Mit dem Licht und seinen heilenden Kräften soll reichlich Farbe in mein Leben kommen. Dann werde ich wirklich stark und fähig, auch dem Dunkel nicht mehr davonlaufen zu müssen. Wo Licht fehlt, werden Menschen depressiv, resignativ und von Angst und Zwang erfüllt. Ihnen das noch als notwendigen Opfergang, als Folge von Schuld oder edlen Weg der Sühne zu deuten ist blanker Zynismus. Not kann nur das Licht wenden. Selber das Licht zu lieben und aufzusuchen und andere zum Licht zu begleiten ist daher wahre Heilung. Achten wir doch einmal, wie wir leben, arbeiten, erziehen, kommunizieren, fühlen, beten, feiern, trauern, leiden und einander begegnen, und lassen wir die Vision zu, wir wären bereit, dies alles dem Licht zu öffnen! Es lohnt sich, im kleinen es zu versuchen. Durch mehr Licht werde ich anders, wird es in mir und um mich anders. Dieser Durchbruch zum Licht hin ist sogar im kleinen so ansteckend, so faszinierend und heilend, daß sich neue Lebensperspektiven ergeben. Wenn ich den Schritt setze, wird es ein unumkehrbarer Prozeß, eine Dynamik, durch die Zukunft in meine Gegenwart greift und mich das Leben neu lieben lehrt.

Wir sagen oft, daß der Glaube alles in ein anderes Licht stellt. Echter Glaube vermag nicht nur in ein anderes Licht zu stellen, sondern er vermittelt mir die Fähigkeit, im Grunde alle Wirklichkeiten

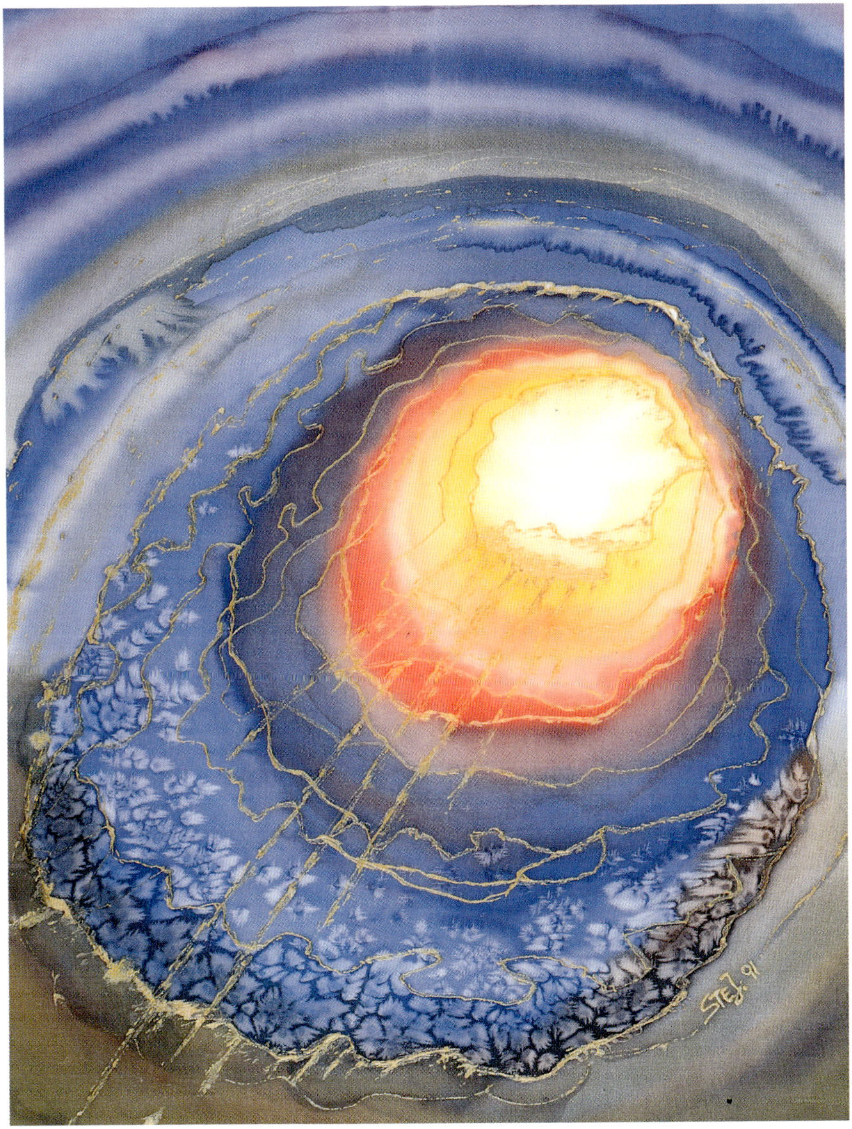

meines Lebens unter die Strahlkraft des durchbrechenden Lichtes zu setzen und daraus neu zu sehen, zu hören, wahrzunehmen und zu deuten. Es geht gleichsam um die existentielle Deutung aus dem Licht und auf das Licht hin.
So müßte zum Beispiel Seelsorge immer Begleitung auf „lichte Höhen" sein, damit Menschen aus den Tiefen ihrer Leiderfahrungen jeder Art heraustreten und sie heilend überwinden können. Wenn Frauen und Männer in diesem Sinne fähig und bereit sind, anderen Lebensbegleitung anzubieten, dann müssen sie selbst auf das Licht, die Befreiung und das Leben hin ausgerichtet sein und alte Fixierungen auf das Dunkel hin loslassen können. Letztlich zeigt sich hier lebensbezogen das Gottes- und Menschenbild und damit verbunden die Stufe der eigenen Befreiung und reifenden Verwirklichung. Je mehr der Mensch sich fortschreitend in Mündigkeit entfaltet, desto mehr wird er auf den Durchbruch zum Licht ausgerichtet sein und in spannungsgeladener Erwartungshaltung noch mehr Lebensdichte und -qualität erstreben und gestalten wollen. In einer solchen ganzheitlichen Entwicklung des Menschen wird auch seine Religiosität geläutert, von Unterdrückungselementen befreit und ganz von der Sehnsucht nach Leben erfüllt. Dann wird auch die Frage des leidgeprüften Ijob in einem neuen Licht hinausgeschrien und letztlich auch beantwortet: „Warum schenkt er dem Elenden Licht und Leben denen, die verbittert sind?" (Ijob 3,20). Gott wird als der erfahren, der aus der Fülle seines Lichtes und Lebens einfach Anteil daran gibt, wer immer dafür offen ist: „Du hüllst dich in Licht wie in ein Kleid, du spannst den Himmel aus wie ein Zelt" (Psalm 104,2). Gott läßt nicht im Leid, schickt nicht den Schmerz, schreit nicht nach Sühne und verlangt nicht sinnlose Opfer, sondern bietet ein Zelt des Lebens an, das Schutz bietet, einen Garten des Lebens, der Geborgenheit schenkt, und Licht des Lebens, das aus der Dunkelheit Wege der Heilung bahnt. Beim Propheten Jesaja finden wir in einer Vision des kommenden Heiles die Wegweisung auch für die Entfaltung der Religiosität, die sich von überholten Gottesbildern löst und in Ausrichtung auf den

befreienden Gott auch den neuen, befreiten Menschen entdeckt: „Nein, das ist ein Fasten, wie ich es liebe: die Fesseln des Unrechts zu lösen, die Stricke des Jochs zu entfernen, die Versklavten freizulassen, jedes Joch zu zerbrechen, an die Hungrigen dein Brot auszuteilen, die obdachlosen Armen ins Haus aufzunehmen, wenn du einen Nackten siehst, ihn zu bekleiden und dich deinen Verwandten nicht zu entziehen. Dann wird dein Licht hervorbrechen wie die Morgenröte, und deine Wunden werden schnell vernarben. Deine Gerechtigkeit geht dir voran, die Herrlichkeit des Herrn folgt dir nach. Wenn du dann rufst, wird der Herr dir Antwort geben, und wenn du um Hilfe schreist, wird er sagen: Hier bin ich" (Jesaja 58,6–9). Das ist Vision vom Leben, von der Heilung, von der Befreiung und vom Durchbruch zum Licht! Das ist positive Durchdringung meines Denkens, Wollens, Fühlens und Handelns, um das Lebenspotential in mir und um mich zu entdecken und zu fördern! Das ist echte Abkehr von überholten Sühne- und Opferfixierungen, die dem Leben mißtrauen und Lebendigkeit rauben, und Hinwendung zum Licht, das mir das Leben in seiner möglichen Fülle als Ziel und auch die Wege dorthin erahnen und erfahren läßt! Das ist das neue Gottesbild, in dem mir Gott als Partner gegenübertritt und ich in wahrer Erhellung neu zugesagt bekomme! „Der Herr wird dich immer führen, auch im dürren Land macht er dich satt und stärkt deine Glieder. Du gleichst einem bewässerten Garten, einer Quelle, deren Wasser niemals versiegt" (Jesaja 58,11).
Das ist das göttliche Licht, das dem Leben Durchbruch auf Fülle hin ermöglicht und das Dunkel überwindbar macht – Licht, das mich leben läßt!

Das Herz ist die Mitte

„Das Herz des Menschen verändert sein Gesicht und macht es heiter oder traurig" (Jesus Sirach 13,25). „Herzensfreude ist Leben für den Menschen, Frohsinn verlängert ihm die Tage" (Jesus Sirach 30,22). Es ist kein Zufall, daß biblische Wegweisungen für beglückendes Leben und Glauben nicht beim Kopf ansetzen, sondern das Herz erreichen möchten. Das Herz steht gleichsam für die wärmende Mitte des Menschen, aus der heraus wir die Lebensstrahlen erfahren, die alles wie mit Atem durchdringen. Im Grunde prägen nicht Wissen, Können und Leistung den Menschen, sondern das Herz.

Wenn heute immer mehr Menschen in allen Lebensbereichen das Fehlen menschlicher Wärme und aufrichtender Herzlichkeit beklagen, können wir in höchster Aktualität erfahren, was ein altes Schriftwort als Umkehr charakterisiert: „Ich schenke euch ein neues Herz und lege einen neuen Geist in euch. Ich nehme das Herz von Stein aus eurer Brust und gebe euch ein Herz von Fleisch." (Erzechiel 36,26)

Aller Aufbruch, alle Heilung und alle Hinwendung zum Leben beginnt damit, daß ich mein Herz, meine Mitte entdecke und aus ihr Kraft schöpfe. Das ist ein spannendes, aufregendes und geheimnisvolles Suchen, Spüren, Innehalten und Horchen. Ich muß ruhig werden, Ballast abwerfen, mir Zeit nehmen und mir die Wege bahnen, um zu meiner Mitte vorzustoßen und sie mir zunehmend vertraut zu machen. In meiner Mitte erfahre ich, wer ich wirklich bin, wo meine Sehnsüchte entspringen, wie ich mich verändern kann und welche Wege mir auf Erfüllung hin offenstehen. Nicht das Analysieren, Durchleuchten, Begreifen und Reflektieren stehen hier im Vordergrund, sondern das staunende Ergriffensein, das geheimnisvolle Berührtsein und die ganzheitliche Betroffenheit. Wer seine innerste Mitte entdeckt, erfüllt und in sie existentiell hineinhorcht, steht vor einer sprudelnden Quelle, aus der er reichlich

trinken, von der er aber nicht Besitz ergreifen kann. Meine Mitte läßt mich leben und läßt mich auch lebenstärkend auf andere zugehen. So ist die geheimnisvolle Mitte des Menschen mit der Sonne vergleichbar, deren Strahlen alles durchdringen und mit Leben erfüllen. Die Reise nach innen schenkt daher dem Menschen in aller Spannung jene Ruhe, die notwendig ist, um einen neuen Schub an Kreativität und Vitalität entspringen zu lassen.
So viele Menschen fliehen heute sich selbst, sie gehen ständig nach außen, möchten vor sich selbst davonlaufen und entfremden sich selbst immer mehr. Viele mögliche Heilungen bleiben aus, weil Menschen ihre eigene Mitte verdrängen, vergessen, verachten oder gar zerstören. Die wahren Waisen sind jene, die sich selbst verloren haben. Sie haben keine Heimat, keine Mitte, keine Identität und somit keine Verbindung von Ursprung und Ziel mehr. Das prägt die Menschen, ihr Wesen, ihr Gesicht, ihre Würde, einfach ihr Menschsein.
Mensch-werdung als Reifung und Entwicklung auf Lebensdichte hin verlangt, meine Mitte zu entdecken, in ihr daheim zu sein wie in einer Oase und aus ihr zu leben. In einer intensiv rational orientierten Zeit der Perfektionierung brauchen wir es umso mehr, daß uns warm um das Herz wird, daß wir unser Herzklopfen als Lebenspuls spüren und aus unserem Herz aus Fleisch und Blut jene Lebensenergie schöpfen, die uns wahrhaft leben läßt. Unser Herz, unsere Mitte verführt uns, nicht nur nach Mustern, Schemata, Schablonen und Programmierungen zu funktionieren, sondern der spontanen Vitalität Raum und Zeit zu geben, um wahrhaft zu existieren. Wenn mir meine Mitte vertraut ist und ich aus ihr lebe, bin ich im Lot, in der Harmonie, in der Lebenssonne, und mein Lebensbaum strahlt! Auf diesem Hintergrund wird deutlich, wie brutal und zerstörerisch alle Versuche sind, die den Menschen sich selbst entfremden, um Macht über ihn zu bekommen. Persönliche Befreiung ist daher immer vom Bemühen getragen, die eigene Mitte zu finden und aus ihr zu leben. Aus meiner inneren Mitte, aus meinem Herzen, bekomme ich Kraft für Wachstum, Wegweisung

für Entscheidungen und Impulse für Aufbrüche in ein neues Leben. Wenn ich mit mir selbst eins bin, dann bin ich auch in Harmonie mit Gott und kann auch anderen wahrhaft zum Segen werden.
Mir selbst darf ich vertrauen, und in meinem Herzen soll ich die Visionen schöpfen, die mich nicht nur irgendwie überleben, sondern wahrhaft leben lassen. Wer aus seiner ureigensten Mitte lebt, ist gesund, kräftig und fähig, auch andere lebenerweiternd begleiten zu können. Wer selbst aus der Mitte volle und selbstbewußte Mündigkeit lebt, gönnt auch anderen jene umfassende Freiheit, auf die hin jeder Mensch geschaffen ist. Wer seine innerste Stimme hören und ihr entsprechend leben kann, begegnet aus dieser Verantwortung anderen in echter Toleranz und lebenförderndem Machtverzicht. Wer sich selbst aus tiefstem Herzen vertrauen kann und so die Angst vor sich selbst abgelegt hat, verliert jeden Grund, anderen zu mißtrauen oder mit Strategien der Angst sie am Leben zu hindern. Wer sich selbst aus tiefstem Herzen gut ist und Gutes tut, gönnt auch anderen alles, was echte Glückseligkeit schenkt und verwundetes Leben heilt.
So ist es auch göttlicher Auftrag, mich selbst noch umfassender zu entdecken, mich selbst noch besser zu kennen und zu meinen Gefühlen, Sehnsüchten und Strebungen zu stehen, um sie mir entsprechend gestalten zu können. Es ist eben offenkundig ein Irrweg zu meinen, Menschen würden dadurch edler, offener, toleranter und liebevoller, wenn sie sich selbst entfremdet werden. Selbstbeschränkung im Sinn von Selbstausschaltung und Selbstverachtung veredelt den Menschen nicht, sondern verkümmert ihn und läßt ihn verkommen. In diesem Sinne erkennen heute viele Menschen, daß nicht wenige Erziehungsstile von gestern überholt und nicht mehr lebenfördernd sind. Sie sind abzulösen von Wegen, die den Menschen sich selbst vertraut werden lassen.
Immer wieder begegne ich krank gewordenen Menschen, die in der Begleitung erkennen, daß sie früher gelernt haben, in Disharmonie mit sich selbst zu leben. Sie haben ihre innere Stimme nicht mehr gehört und sind sich, sich selbst krank machend, fremd ge-

STE J. 90

worden. Es ist auch für mich immer wieder beeindruckend mitzuerleben, wie Menschen, die daraus Konsequenzen ziehen und neue Wege der Selbstfindung suchen und gehen, so manche Krankheit loslassen können.
Hilfestellung besteht dann einfach darin, einem Menschen beizustehen, die eigenen Energien zu aktivieren und so, in Harmonie mit sich selbst, zum Handelnden zu werden, sodaß dann das körperliche und seelische Gleichgewicht wiederhergestellt werden kann. Das schafft Wohlklang und inneren Frieden, der den Menschen dann auch Kraft ausstrahlen läßt.
Wenn das Herz die Mitte ist und ich aus dieser Mitte lebe, dann wird mein Leben wie ein blühender und fruchtbringender Baum, der in seiner Strahlkraft ein Zeichen für die göttliche Kraft ist, eine Spur zum Ursprung und eine lebendige Wegweisung zum Ziel. Unser Innerstes prägt auch unser Äußeres. In diesem Sinne hat uns der göttliche Schöpfer den Urkern des Lebens in unserem Herzen grundgelegt. Wenn ich diesen Kern göttlicher Liebe in aller Dichte in mir finde und daraus genährt mein Leben gestalte, dann kann aus meinem inneren Frieden auch der äußere wachsen, und ich bin voller Lebendigkeit. Das ist ganzheitliches Leben, das Grenzen sprengt und Visionen zu Realitäten werden läßt. Das ist bewegtes Leben, das gute und schwere Tage miteinander versöhnt. Das ist erfülltes Leben, das Stille und Kundgabe miteinander verschwistert und alles auf reifendes Wachstum ausrichtet. – Wie ein Baum, der nicht nur von der Sonne beschienen ist, sondern die Sonne in sich hat.

Menschen gesucht

Fachleute, Spezialisten, Profis, Macher …
hat unsere Welt heute viele!

Hat sie auch genügend
MENSCHEN?

Menschen, die ihre Menschwerdung
ein Leben lang beherzt gestalten?

Wir brauchen Menschen, die viel können,
Menschen, die viel wissen,
Menschen, die viel leisten.

Wir brauchen vor allem Menschen,
durch die uns warm ums Herz wird,
wenn wir ihnen begegnen …

Vom göttlichen Atem durchwirkt

Zu den erfüllendsten Erfahrungen glaubender Menschen gehört die Entdeckung göttlicher Spuren, das Hinhorchen auf göttliche Worte, die Öffnung auf göttlichen Geist, die Wahrnehmung göttlichen Lebens und das Einswerden meines Atems mit göttlichem Atem. Es ist einfach wunderbar und zukunftsweisend, wie viele Menschen schon heute nach Ablegen alter Blockaden wieder offen werden, sich von göttlichem Atem lebendig machen zu lassen. Überall eröffnet und schenkt sich uns göttliches Leben. Wenn göttlicher Geist nicht mehr in Besitz genommen, verwaltet und kanalisiert wird, beziehungsweise wenn Menschen dieses lebenbehindernde Schauspiel nicht mehr mitspielen, dann wird es möglich, die unendliche Vielfalt göttlicher Liebe zu erfahren. Dann ist die Welt nicht mehr Feind, sondern Aufruf zur Gestaltung, die Schöpfung nicht mehr Besitz, sondern geliehener Ort zur Lebensgestaltung, der Leib nicht mehr Gefängnis für die Seele, sondern Chance für die Realisierung spiritueller Dynamik, der Glaube nicht mehr getrennt vom Leben und der Übergang von der Erstarrung zum Aufbruch gelungen.

Prophetische Menschen erahnen und erspüren bereits, daß der Frühling neuer, ungewohnter und befreiender Religiosität vieler Menschen sich anbahnt. Zunehmend fühlen sich Menschen von göttlichem Drang motiviert und befähigt, diese neue Zukunft nicht nur zu erwarten, sondern sie zu leben, nicht mehr bei Wiederbelebungsversuchen des Alten Zeit und Kraft zu vergeuden, sondern, von göttlicher Kraft gestärkt, auf das Sterben das Leben folgen zu lassen. So wird in unserer Umbruchzeit das neu und tiefer erfahrbar, was Jesus als Zukunftswerkstatt entwirft: „Laß die Toten ihre Toten begraben; du aber geh und verkündige das Reich Gottes!" (Lukas 9,60). Daraus entnehme ich die göttliche Ermutigung: Bleib nicht dort, wo Versteinerung, Verkrustung und Erstarrung sich ergeben; wo Altes verklärend um den Preis von Menschen und des

Lebens reanimiert werden soll; wo die Verweigerung des Loslassens die Lebenschancen zerstört und die Entfremdung die Menschen in das Lebensgefängnis verfrachtet und letztlich nur mehr als Vorwand für eigene Unsicherheit, Angst und Lebensunfähigkeit das Göttliche vorgeschoben, aber nicht wirklich gemeint und gewollt wird und dadurch der Tod und nicht das Leben gepflegt wird! Bleib nicht dort, sonst wirst du des Todes! Mache dich vielmehr auf, blicke nach vorne und atme frische Morgenluft, die dich erweckt und wie eine Blüte sich öffnen läßt, um die göttlichen Strahlen göttlichen Lichtes zu empfangen und so eins mit göttlichem Leben zu werden! Warte nicht, bis alle den Morgen wollen, sondern nütze deine Morgenstunde, um so vielleicht auch zur lebendigen Einladung für andere werden zu dürfen!
Wenn die Erfahrung meiner Verwiesenheit mich auf die Gottesbegegnung hin öffnet, dann entdecke ich, daß alles Göttliche auf ein Ziel hin orientiert ist: auf Leben, das sich dynamisch verdichtet, weil Gott Leben ist, Leben in Fülle!
Göttlicher Atem, göttlicher Geist und göttliche Liebe sind unberechenbar, unbeschreibbar, uferlos, grenzenlos, überall auffindbar und vielfältig verkostbar. Ich brauche mich nur erfassen, durchwirken, erfüllen und bewegen lassen, nicht nach Vorgaben, Regeln und Strategien, sondern in Spontaneität, Kreativität und Freiheit. Göttliches Wesen und Wirken ist nicht fixierbar und verfügbar, sondern geschenkhaft erfahrbar und erlebbar. Sobald ich göttliche Liebe aus zweiter und dritter Hand normiert und in Raten vermittelt bekomme, ist die Ursprünglichkeit weitgehend verloren, die Strahlkraft verblaßt und die Grenzenlosigkeit längst begrenzt und so der Atem erlahmt. Gott entzieht sich dem Wesen nach der Fremdbestimmung und der Verfügbarkeit, weshalb er auch uns diesen tödlichen Kreisläufen entziehen will. Je mehr ich mich der Göttlichkeit öffne und in sie hineinwachse, desto mehr wird mein Atem eins mit dem göttlichen, meine Lebenswüste zur Lebensoase und meine Sehnsucht zur Erfüllung. Ich muß nur entdecken, daß der Samen göttlichen Lebens in mir gesät ist und auf Wachstum

durch mein Hegen wartet, als Gabe und damit persönliche Aufgabe. Ist das nicht wunderbar und Grundstein für wahres Leben?
Die göttliche Liebe ist wie ein Atemmeer. Alles fließt und ist in Bewegung, alles wird von den Wellen erfaßt und geleitet. Wir erleben es wie Ebbe und Flut, nur ohne die Gefahren des Austrocknens oder der todbringenden Überschwemmung. Der spirituelle und doch erdgebundene Mensch ist gleichsam erfaßt und durchdrungen von diesem Atemmeer göttlicher Lebensdynamik. Das Spiel mit den Wellen entbehrt der Bedrohlichkeit, und im Geräusch des Wogens wird der göttliche Atem selbst hörbar und spürbar.
Von göttlichem Atem durchwirkt zu sein bedeutet, das Geschaffene wahrzunehmen, zu schauen und mitzugestalten und so mit Gott selbst in Begegnung und Einheit zu sein. Spirituell sein bedeutet, atmen zu können, und Atmen ist die Voraussetzung, um gestalten zu können. Alles wird dann zur Grunderfahrung, Gott zugehörig zu sein. Bekommt in dieser Sicht nicht ein Bild des Alten Testamentes neue Lebensfarben, wenn wir dort wahrnehmen: „Da formte Gott, der Herr, den Menschen aus Erde vom Ackerboden und blies in seine Nase den Lebensatem. So wurde der Mensch zu einem lebendigen Wesen" (Genesis 2,7). Der Mensch wird lebendig, sobald er vom Atemmeer göttlicher Lebensfülle durchwirkt und bergend umwogen ist. Das berührt nicht nur meinen existentiellen Beginn, sondern jeden Augenblick, da ich todbringende Lebensgewalten verlasse und neu zu atmen beginne. Dann geht es mir wie dem mit Gott ringenden Ijob, der im Leid und in der Vereinsamung um Luft rang und damit nach göttlichem Atem verlangte und diesen dann auch tatsächlich erspürte: „Leben und Huld hast du mir verliehen, deine Obhut schützt meinen Geist." (Ijob 10,12)
Das Atemmeer göttlichen Lebens ist niemals bedrohlich. Denn Gott bietet es in seiner grenzenlosen Liebe zur Zähmung, zum Vertrautwerden an. Nicht die Angst und nicht die Bedrohung soll uns die Ehrfurcht vor diesem Meer göttlichen Lebens vermitteln, sondern das Vertrautwerden soll uns die Nähe lieben lehren.

Das Vertrautwerden mit dem göttlichen Atemmeer haben schon vor vielen Generationen Menschen erfahren und besungen: „Du läßt die Quellen hervorsprudeln in den Tälern, sie eilen zwischen den Bergen dahin. Allen Tieren des Feldes spenden sie Trank, die Wildesel stillen ihren Durst daraus. An den Ufern wohnen die Vögel des Himmels, aus den Zweigen erklingt ihr Gesang. Du tränkst die Berge aus deinen Kammern, aus deinen Wolken wird die Erde satt. Du läßt das Gras wachsen für das Vieh, auch Pflanzen für den Menschen, die er anbaut, damit er Brot gewinnt von der Erde und Wein, der das Herz des Menschen erfreut, damit sein Gesicht von Öl erglänzt und Brot das Menschenherz stärkt." (Psalm 104,10–15)
Sind es nicht eindrucksvolle und ausdrucksstarke Bilder, mit denen schon seit Tausenden Jahren Menschen das Zusammenströmen ihres Atems mit göttlichem Atem umschrieben und zeichneten? Bis herein in unsere Zeit war leider das Bedrohliche noch zu stark mit dabei. Aber der göttliche Geist hat immer schon eingeladen, dies loszulassen und das Spiel mit den Wogen des Meeres vertrauensvoll zu wagen.
Zur Liebe gehört immer das zärtliche Spiel! Aus dieser Erfahrung sind wir eingeladen, uns vom göttlichen Atemmeer erfassen zu lassen. Dann erregt göttlicher Geist unseren menschlichen Geist und läßt uns atmen, das heißt leben. So darf auch ich, durchwirkt vom Kräftespiel göttlicher Liebe, getragen von den Wellen göttlichen Lebens und lebendig gemacht von göttlichem Atem, in meiner Sprache, mit meinen Sinnen, aus meinen Gefühlen, mit meinen Worten und Taten ins göttliche Atemmeer hinausrufen, was immer schon Menschen gesungen: „Alles, was atmet, lobe den Herrn! Halleluja!" (Psalm 150,6)

Atme in mir, göttlicher Geist!

Wenn ich mich der Farblosigkeit verschreibe,
auf mich selbst vergesse, auf meine Ansprüche verzichte,
meinen Schmerz bagatellisiere, meine Hoffnung begrabe
und mich selbst immer nach hinten reihe,
dann
atme in mir, göttlicher Geist!

Wenn ich mir Selbstlosigkeit verordne,
meine Regungen unterdrücke, Lebendigkeit zähme,
meine Bedürfnisse nicht mehr wahrnehme, Gefühle verdränge
und mich selbst nicht mehr lieben traue,
dann
atme in mir, göttlicher Geist!

Wenn ich mich der Leblosigkeit ausliefere,
meinen Protest nicht mehr erhebe, mich der Herrschaft füge,
die Wahrheit nicht selber suche, mir den Weg verordnen lasse
und mich selbst nicht mehr leben wage,
dann
atme in mir, göttlicher Geist!

Lebensfreude stiftet Leben

Ich möchte von der optimistischen Auffassung ausgehen, daß grundsätzlich jeder Mensch ursprünglich Lebensfreude in sich trägt, ihre ständige Vertiefung und Verdichtung ersehnt und dazu auch befähigt ist. In diesem Ansatz bestärkt mich jedes Kind, das Freude jeder Art echt und spontan kundgeben kann, aber auch jene, mitunter schon sehr alte Menschen, die trotz aller Leiderfahrungen der Freude treu geblieben sind. Vertiefung oder Verschüttung wachstumsorientierter Lebensfreude hat wesentlich mit meiner Gestaltungsbereitschaft zu tun. Das bestätigen mir jene Menschen, die am Beginn einer Begleitung betonen, sich über nichts mehr freuen zu können, und nach einiger Zeit und engagierter Arbeit daran doch wieder freude-fähig werden. Voraussetzung ist die Überwindung der fatalistischen Einstellung, daß die einen eben zur Freude geboren sind und die anderen nicht. Auch im Hinblick auf die Lebensfreude gilt, daß meine Einstellung bzw. meine Einstellungsänderung entscheidend ist.

Die Wiederentdeckung und Vertiefung meiner Lebensfreude beginne ich am besten mit der Aufarbeitung jener Einbrüche in meinem Leben, in denen mir viel meiner Lebensfreude genommen wurde oder ich sie verloren habe. In dieser zeitlich begrenzten Analyse werde ich vielleicht erfahren, daß nicht sosehr die durchgemachten Leiderfahrungen, denen ich mich gestellt habe, mir die Freude genommen haben, sondern Lebenssituationen, die ich nicht selber gestaltet habe, und Einwirkungen von außen, die mich auf das Negative hin festlegen wollten. In jeder Lebensstunde, in der ich die selbstbewußte Lebensgestaltung verweigere, werde ich Strategien von außen ausgeliefert. Wir können das nicht verhindern, aber wir können es uns bewußtmachen und daraus für die Zukunft, vor allem durch Einstellungsänderungen, lernen. Wenn ich die Wege kenne, die mich in den Verlust der Lebensfreude geführt haben, weiß ich auch die Wege für die Heilung. Viele von uns wurden von Menschen erzogen und manipuliert, die selbst hilflos in Lebensängsten standen, dem Leben nicht trauten und Lebensfreude unterdrückten. Parolen wie „Sei still!", „Verhalte dich ruhig!", „Benimm dich!", „Sei artig!", „Stell dich nicht in den Vordergrund!", „Falle nicht unangenehm auf!", „Ärgere niemanden!", „Füge dich!", „Sei schön brav!", „Widersprich nicht!", „Sei gehorsam!", „Mache mir keine Schande!", „Halt den Mund!" usw. usf. ... wurden für viele zum Auftrag, Spontaneität zu unterdrücken, Sehnsüchte zu verdrängen und Selbständigkeit erst gar nicht aufkommen zu lassen. Dazu kam für viele von der religiösen Erziehung her der Keim des Mißtrauens gegenüber allem, was mit Freiheit, Bewegung, Leiblichkeit, Sinnlichkeit und Lebenslust zu tun hat. Den Rest besorgte die Durchwirkung mit Schuldgefühlen und die überdimensionale Ausrichtung auf Schuld und Sünde. Was trotzdem noch zur Lebensfreude verlockte, wurde als Versuchung interpretiert, und so blieb und bleibt vielen Menschen die Lebensverachtung im Grunde stärker als die antriebsstarke Lebenslust. Wenn der Lebensnerv gezogen ist, ist der Mensch verarmt, ausgeliefert und hörig. Das alles gilt es zu durchschauen, wenn ich mich aus der Lebensverarmung befreien und neues Leben entdecken will und letzteres auch anderen gönnen möchte.

Wer sich durch eine fragwürdige religiöse Erziehung gehemmt fühlt, neue Wege zur Lebensfreude mutig und selbstbewußt zu suchen und dann auch zu gehen, möge sich ein Schriftwort im Herzen überlegen, das zum lebenslustigen Glauben auffordert, indem es Gott als guten Hirten zeichnet, der alles dem dichten Leben zuführen will: „Auf gute Weide will ich sie führen, im Bergland Israels werden ihre Weideplätze sein. Dort sollen sie auf guten Weideplätzen lagern, auf den Bergen Israels sollen sie fette Weide finden. Ich werde meine Schafe auf die Weide führen, ich werde sie ruhen lassen – Spruch Gottes, des Herrn. Die verlorengegangenen Tiere will ich suchen, die vertriebenen zurückbringen, die verletzten verbinden, die schwachen kräftigen, die fetten und starken behüten. Ich will ihr Hirt sein und für sie sorgen, wie es recht ist"

(Ezechiel 34, 14–16). Auf unser Leben übertragen ist das Auftrag zum Leben, Weckung der Lebensfreude und Ausrichtung auf Lebenserfüllung.

Mein Anspruch muß es sein, nicht irgendwelche „Weideplätze" zu suchen, sondern die besten. Meine Verantwortung ist es, mich nicht mit Verwundungen abzufinden, sondern Heilung anzustreben. Meine Freiheit ist es, mich nicht der Abhängigkeit auszuliefern, sondern Befreiung zu erfahren. Meine Möglichkeit ist es, nicht in der Lebensverarmung zu verenden, sondern die Lebensqualität ständig zu verbessern. Meine Chance ist es, durch meine Einstellungsänderungen nicht nur selber die Lebensfreude neu zu entdecken, sondern damit auch anderen zu einer Lebensquelle zu werden.

Lebensfreude stiftet Leben, weil sie den Kreislauf der positiven Kräfte in Schwung bringt und Lebensfelder aufzeigt, die vorher nicht (mehr) zu sehen waren. Es ist, wie wenn die Sonne auftaucht und nicht nur der Gegenwart ihre wärmenden Strahlen leiht, um für die Zukunft Feuer zu bekommen, sondern auch die Vergangenheit so beleuchtet, daß alles Dunkel seinen angstmachenden und lebensbedrohenden Schrecken verliert. Wenn die Lebensfreude wie eine göttliche Kraft wieder prägendes Lebensprinzip sein darf, ist es, wie wenn das Meer zum Lichtermeer wird und die Hügel zu glühen beginnen. Es ist das Entfachen des Lebensfeuers, das unbändig wird in seinen Kräften, das den Sehnsüchten neue Nahrung spendet und wie ein Motor die Triebkräfte entfaltet, damit Dynamik zum Kennzeichen bewegten Lebens wird.

Echte Lebensfreude ist nicht Leidfreiheit, erspart nicht die Grenzen und verheißt keine Illusionen, sondern stärkt zum Engagement, ermutigt zur Annahme der Herausforderung und macht das Wagnis zur Einladung. Wenn Lebensfreude als Grundstrom des Lebens zugelassen und die Einstellungen zum Leben insgesamt und zu den einzelnen Lebenssituationen daraus geformt werden, vermag sich die Sonne des Lebens selbst im dunkelsten Gewässer von Krankheit, Leid, Schuld und Tod widerzuspiegeln und auch diesen Si-

tuationen Sinn verleihen. Wie wäre es sonst möglich, daß Menschen, die nach äußerem Urteil keinen Grund zur Freude haben, trotzdem nicht nur mit Lebenshoffnung, sondern auch mit Lebensfreude erfüllt sein können?
Sogar Menschen, die auf den Tod zugehen, sind dieser Freude fähig und können sie sogar auch anderen noch vermitteln, wie ich dies in der Sterbendenbegleitung nicht erst einmal erlebt habe. Nach meinen Erfahrungen sind es immer Menschen, die ihren eigenen Weg der Gestaltung der guten und schweren Tage gefunden haben, die das Leben gesucht, verkostet und, wo nötig, auch durchlitten haben. Letzteres aber nicht, um zu leiden, sondern um den Durchbruch von der Nacht zum Tag zu erleben.
Lebensfreude stiftet Leben, weil sie auf Zukunft und Wachstum ausgerichtet ist. Verwandt mit Lebenshunger und -durst, lädt sie ein, mich den Kräftespielen des Lebens zu stellen und sie für mich so zu gestalten, daß ich mich selbst erfahre, meinen Sinn finde und in meinem Reifen meiner Erfüllung zustreben kann. Nicht die Lebensfreude, auf die wir verzichtet haben, wird uns bei unserer Lebensbilanz einmal zum Segen, sondern die Lebensfreude, die wir gefunden, errungen, gestaltet, verkostet und weitergeschenkt haben: „Der Himmel freue sich, die Erde frohlocke, es brause das Meer und alles, was es erfüllt. Es jauchze die Flur und was auf ihr wächst, jubeln sollen alle Bäume des Waldes vor dem Herrn, wenn er kommt, wenn er kommt, um die Erde zu richten" (Psalm 96, 11–13a). Es wird mir gleichsam zum Gericht, wenn ich das Leben verachtet, die Freude mir versagt, das Leid nicht bekämpft und die heilende Befreiung nicht erstrebt habe. Es wird mir aber zum Segen, wenn ich der Sehnsucht nach beglückendem Leben, gottgeschenktem Raum und auch die Zeit gegeben und ihre Erfüllung gefunden habe. Deshalb ist die Lebensfreude wie die aufgehende Sonne, die mich noch vieles erwarten und gestalten läßt!

Heilung ist möglich

Auf den ersten Blick scheint heute alles und jedes krank zu sein. Die Menschen sind krank, die Gesellschaft ist krank, die Institutionen machen krank… So oder ähnlich werden Ergebnisse diverser Analysen und Diagnosen zusammengefaßt. Vieles davon wird stimmen. Krankmachende Strukturen in und um uns sind auch für Optimisten nicht leugbar. Die Frage ist nur, wie wir mit der vorgefundenen und benannten Realität umgehen.

Krankheiten werden sich dort am ehesten ausbreiten, wo Menschen sich mit ihnen abfinden und sich ihnen resignierend ergeben. Wer nicht an Heilung glaubt und um sie ringt, wird auch nicht geheilt werden, und wer aufgibt, wird aufgegeben.

Wir Menschen müssen in unserer Lebensentfaltung stets neu damit umgehen lernen, daß wir nicht vollkommen, perfekt, abgeschlossen und heil sind, sondern stets an Grenzen stoßen, die uns zum Überschreiten und somit zum Wachstum herausfordern. Wir sind auf dem Weg und auf diesem Weg existentiell stets andersartig gefordert. Alle Krisen und damit auch Krankheiten haben im Grunde mit der persönlichen Einstellung zu den Wachstumsherausforderungen des Menschen zu tun, mit der Bejahung und damit Gestaltung meiner Werdemöglichkeit oder mit deren Verweigerung.

Es gibt im Grunde zwei Urversuchungen für den Menschen: entweder die Selbstgenügsamkeit und Selbstisolation zu suchen bzw. in ihr zu landen, oder aber die Selbstveräußerung und Selbstaufgabe zu betreiben. Wo der Mensch das innere Gleichgewicht von Selbstfindung und Selbstüberschreitung verliert und nicht zur Einheit werden läßt, brechen Immunsysteme jeder Art zusammen. Nicht zufällig findet sich in allen Heilungserzählungen in den Religionen als eigentliche Mitte die Verbindung von eigener Aktivität und Offenheit für Stärkung für diese Aktivität. Heilung wird immer als Ineinander von Gabe und Aufgabe gedeutet. Ohne mich selbst

kann ich nicht geheilt werden, nur durch und in mir selbst, meiner Meinung nach, auch nicht.
Das Problem vieler Menschen heute scheint in der Tat zu sein, daß sie sich selbst so entfremdet sind, daß sie Heilung fast ausschließlich als Konsumartikel betrachten, als etwas, das ich von außen zuführen, kaufen bzw. haben kann. Daß wir auch im Hinblick auf Heilungsbedürfnis zu einer Konsumgesellschaft geworden sind, hängt in der Entwicklung auch mit den Einflüssen einer fragwürdigen Religiosität zusammen, für die die Kirchen wesentlich verantwortlich sind. Wenn in offensichtlicher Umdeutung biblischer Texte Menschen zur Selbstverleugnung eingeladen wurden, ihnen durch Triebverachtung der Lebensnerv gezogen wurde, ihnen Krankheit, Leid und Tod als Strafverfügung aufgezwungen oder sie durch Einimpfung von Schuldgefühlen in die umfassende Abhängigkeit getrieben wurden bzw. werden, dann wurde und wird dem Menschen die Chance verringert bzw. genommen, sich selbst zu trauen und sich aus Vertrauen und nicht aus Abhängigkeit in Verwiesenheit zu öffnen. Wer aber abhängig und ausgeliefert ist, erwartet nichts mehr von sich selbst, sondern nur mehr etwas „gnadenhalber" von außen. Das aber läßt in Wirklichkeit nicht leben, sondern macht krank. Eine alte Ordensfrau hat mir das einmal in tragischer Weise in ihrer Lebensbilanz weinend ausgedrückt: In einem von mir als Gemisch von Wut, Angst, Not, Verbitterung und Trauer empfundenen Ausbruch erzählte sie mir, wie sie als Höhepunkte aller Demütigungen jene regelmäßigen Situationen erlebte, in denen sie vor die Vorgesetzte treten und sich selbst beschuldigen und anklagen mußte. Öfters habe sie sogar Selbstvorwürfe erfunden, da bei Fehlen von Selbstvorwürfen Hochmut diagnostiziert wurde. So habe sie lieber „gelogen", um nicht hochmütig zu wirken. Diese „Lügen" habe sie dann wieder in der Beichte bekennen müssen. Seit Jahren leide sie an massiven psychosomatischen Beschwerden. Als „Behandlung" sei ihr verordnet worden, mehr zu beten, mehr „Demut" zu üben und sich dem Sühnen mehr zu öffnen.

Ausdrücklich möchte ich festhalten, daß ich nicht davon ausgehe, daß die Lebensgeschichte dieser Ordensfrau zu verallgemeinern ist. Aber sie zeigt auf, wie sehr, auch unter dem Deckmantel der Religiosität, Menschen in unheilvolle Situationen der Selbstzerstörung gezogen werden können. Die genannte Ordensfrau mit ihrer inneren Sehnsucht nach Heilung hat es geschafft, ihren inneren Aufschrei zu äußern, und hat damit möglicherweise die Chance, sich aufzurichten und, dem langen Leiden zum Trotz, anders zu werden, aus- und aufzubrechen und vielleicht auch dadurch zur Versöhnung zu finden, daß sie zu einem lebendigen Zeichen eines gottgewollten Widerstandes für ein heilvolleres Leben wird, an dem auch andere sich aufrichten und ihre Heilungsmöglichkeiten entdecken können. Sie würde dann Zeugnis dafür ablegen, daß Alter, Verwundung und Strukturen kein endgültiges Hindernis sein müssen, anders zu werden und zu leben zu beginnen.

Echter Glaube vermittelt im Grunde immer neu die Zusage, daß Heilung möglich ist. Es ist, wie wenn in das Dunkel eines scheinbar leblosen Steines Licht dringt und aus dem Stein eine Pflanze zu wachsen beginnt – vom Licht gelockt und letztlich von Licht erfüllt. Das Alter des Steines und seine Struktur müssen dafür nicht Hindernis sein.

Glauben zu können, daß Heilung möglich ist, mag Gnade sein. Erleben zu dürfen, daß Heilung ist, verbindet Gnade mit meinem Wollen und Tun. Alle Formen des Leidens haben mit dem Menschen selbst zu tun. Es geht um mich, um meine Lebensgeschichte, um meine Ängste und Hoffnungen, um mein Klagen und Weinen, um meine Kraftreserven, um meinen Glauben und meine Liebe, um meine Resignation oder Aufbruchsbereitschaft, um meinen Selbstwert oder meinen Selbstverlust, um meine Ichbezogenheit oder meine Ichverlassenheit, um mein Gestern, Heute und Morgen, um meine Sinnsuche und Sinnfindung, um mein Sein und Werden, um meine Verweigerung und meine Gestaltungsbereitschaft, um mein Leben und meine Heilung.

Heilung für mich muß mich betroffen machen, in meiner Einma-

ligkeit und Menschwerdung. Deshalb darf ich auf Allheilmittel verzichten und muß meine Wege entdecken und gehen. Nicht Konsumation von Heilung ist meine Chance, sondern Gestaltung. So kann ich meine gottgeschenkte Freiheit entdecken und realisieren und aus Verantwortung mich auch im Hinblick auf meine Heilung aus Abhängigkeiten lösen. Dieser Vorgang allein tut so gut und schenkt so viel Weite des Lebens, daß schon dadurch ungeahnte heilende Kräfte neu zur Verfügung stehen. Dann beginne ich, in Übereinstimmung mit meiner Mitte und aus ihr zu leben. Daraufhin wird es unbedeutsam, darüber zu streiten, wo die Grenze zwischen Selbstheilungskräften und geschenkter Heilkraft verläuft, was mein Werk und was Gnade ist, wo ich von mir rede oder es Gott zuordne... Denn dann erfahre ich mich einfach mit meiner Sehnsucht nach Grenzenlosigkeit und Heilung nicht mehr verlassen und ohne Echo, sondern getragen, geborgen und selbst stark in einem. So finde ich mich selbst und gleichzeitig zum Du. Dann geht es mir einfach wie der Pflanze, die, vom Licht geweckt, wächst und, dem Stein entspringend, gedeiht. Und alles zusammen ist Leben, Licht und Harmonie. Ist es dann noch wichtig zu fragen, ob der Fels, die Pflanze, das Licht oder das Wasser die Ganzheit bewirkten? Gibt nicht das Ganze und der Teil Zeugnis für göttliches Leben und göttliche Kraft?!
Heilung ist möglich! Die Ursehnsucht des Menschen bedarf eines Zieles, der Urtraum einer Erfüllung, der Anruf einer Antwort. Nicht wie andere damit umgehen, nicht was andere mir verordnen, wird mir letztlich Heilung schenken können, sondern wie ich meine Antwort gebe, durch mein bewußtes Leben, durch mein Anderswerden, durch mein Loslassen, durch mein Sterben auf mehr Leben hin, in Freiheit und Verantwortung.
Heilung ist möglich! Ich möchte mir diesen Traum und seine Realisierung von niemandem (mehr) stören oder gar zerstören lassen – gleich einer Pflanze, die nicht mehr dem leblosen, sondern dem lebendigen Stein entspringt und dem Licht zuwächst!

STE J. 91

Perspektivenwechsel

Ich war beladen, bedrückt, mit Problemen konfrontiert,
von harten Fragen betroffen und
müde …

So ging ich wieder einmal zu einem Patienten,
der seit Monaten künstlich beatmet und
somit sprachlos auf der Intensivstation lag.

Als ich mich ihm näherte,
rief er mir halblaut voller Freude zu:
„Herr Dr. Schmatz, ich kann wieder
selbst atmen und sprechen!"

Auf einmal war der Tag ein Festtag
– auch für mich!

Ein Perspektivenwechsel
innerhalb von Sekunden!

LebenskünstlerInnen gesucht

Wir leben (noch immer) in einer Leistungsgesellschaft, in der alles ausgerichtet ist auf Produktion, Vermehrung des äußeren Wohlstandes und Erfolg, vor allem im materiellen Sinn. Beinhartes Konkurrenzdenken, Herrschsucht und brutale Ellbogentechnik prägen zudem das Erscheinungsbild. In Politik, Gesellschaft und auch Kirche stehen dadurch nicht selten menschenverachtende Strategien im Vordergrund. Fachleute helfen werbepsychologisch mit, um brutale Macht als notwendigen Dienst, harten Egoismus als Dimension des Gemeinwohls, glatte Lüge als unverzichtbare Wahrheit, Systemerstarrung als ewiggültige Norm, unterdrückende Hierarchien als Säulen des Zusammenlebens und von Menschen erfundene Herrschaftsstrukturen sogar als göttliches Gesetz zu verkaufen. So greifen in allen Bereichen Menschen nach Herrschaft, die selbst oft voller Angst sind und mangels echter innerer Autorität sich autoritärer Strukturen bedienen. Es ist daher nicht verwunderlich, daß immer mehr Menschen fragen, ob wir nicht falsche Leute bewundern und uns ihnen bewußt oder unbewußt unterordnen. Es geht nicht um Verurteilung von Menschen, sondern um das Aufdecken menschenverachtender Strategien, um die Unterscheidung von todbringender und lebensorientierter Lebensgestaltung.

Es ist Zeit, innezuhalten und wach zu werden, wenn heute so viele Menschen fühlen und erkennen, daß in unser aller Leben viel mehr an Qualität, Dichte und Erfüllung möglich wäre, daß gleichsam Lebensschätze reichlich vorhanden wären, aber einfach nicht gehoben werden, und daß wir selbst verantwortlich sind, wenn wir uns den „Machern" anschließen, statt uns von wahren LebenskünstlerInnen die Kunst guten Lebens lehren zu lassen.

Systeme jeder Art leben für sich selbst und unterwerfen alles sich selbst. Es geht ihnen nicht um den Menschen und seine Entfaltung, sondern um seine Benützung. Die Spirale der Systeme dreht sich

nach innen in die Enge, die letztlich Gefangenschaft, Ausweglosigkeit und Tod bedeutet.
Im System wird der Mensch zum Objekt, zum Mitspieler und Mitwisser, der umfassend abhängig gemacht wird. Und jedes System greift in seinem Herrschaftswahn nach Mitteln, um die Menschen immer frühzeitiger in sein Korsett zu zwängen. Ausbruchsversuche werden rechtzeitig und präventiv als schwerstes Verbrechen gebrandmarkt.
Ausgleichende Gerechtigkeit dürfte darin liegen, daß alle Systeme ihre Gewalt so konsequent, blind und letztlich armselig ausüben, daß sie am Ende das bewirken und beschleunigen, was sie verhindern wollen.
Wer immer die skizzierten Szenarien in seinen eigenen Lebensbereichen miterlebt, dann durchschaut und loszulassen beginnt, ist auf dem Weg, KünstlerIn zu sein. Kunst besteht darin, nicht brutal zu machen, sondern kreativ zu gestalten; nicht hörig zu sein, sondern horchend; nicht zu herrschen, sondern zu führen; nicht zu vergewaltigen, sondern zu verlocken; nicht Gehorsam zu fordern, sondern als Vorbild zu begeistern; nicht Objekte zu haben, sondern Subjekte zu fördern; nicht Angst zu verbreiten, sondern reale Zuversicht zu vermitteln; nicht auf später zu vertrösten, sondern jetzt das Leben zu wollen.
KünstlerInnen sind für mich Menschen, die nicht nur von Freiheit träumen, sondern sich frei machen und Freiheit in Anspruch nehmen; Menschen, die sich nicht selbst aufdringlich produzieren, sondern ehrlich für sich gewinnen; Menschen, die die Früchte ihrer Arbeit nicht aufzwingen, sondern mutig und selbstbewußt zum Staunen für andere freigeben; Menschen, die mündig ihren eigenen Weg suchen und gehen, ohne diesen für sich allein als Besitz zu ergreifen; Menschen, die andere mitgehen lassen, ohne sie von sich abhängig zu machen; Menschen, die die Wahrheit für sich entdecken und sie auch leben, ohne sie als erstarrtes Gebilde sich und den anderen endgültig zu definieren; KünsterInnen sind für mich Menschen, die, vom Mut getragen, nicht abschließen, son-

dern offen bleiben. LebenskünstlerInnen sind für mich Menschen, die sich von der Todesspirale diverser Systeme verabschieden und zu einer Lebensspirale finden, die nicht zur inneren Enge, sondern zur äußeren Weite führt, zu einer Lebensspirale, die Energie zuführt, um qualitätsvoller, freier und individueller und daraus auch sozialer leben zu können. In dieser Lebensspirale, die nach außen offen bleibt und immer auch nach innen führen kann, ist das Innen nicht mehr Enge, sondern Geborgenheit und das Außen in aller Offenheit nicht mehr bedrohlich.
KünstlerInnen sind Individualisten und werden deshalb von allen Systemen als Egoisten verdächtigt und nicht selten als abnormal ausgegrenzt. In der Tat sind sie die existentiellste Bedrohung für Systeme. Während die Systeme gegen die KünstlerInnen kämpfen, genügt es, wenn KünstlerInnen einfach ihren Weg gehen und sich für ihre Visionen engagieren.
KünstlerInnen sind Individualisten und im besten Sinn des Wortes eigen-sinnig. Sie suchen in Freiheit und Verantwortung selbst Sinn in ihrem Leben und ihres Lebens. Sie tun dies mit Begeisterung und, wenn ihre Kunst echt ist, in bewegender Toleranz, weil sie Anwälte des Lebens sind, das sich frei entfalten darf. KünstlerInnen sind aber gerade wegen ihres Individualismus zutiefst sozial und voller Liebe zum Menschen, und sie vermögen ein Lichtermeer glühender Menschlichkeit zu entfachen, wenn alle selbsternannten Moralapostel zusammen kaum einen Menschen wirklich bewegen können. In diesem Sinne brauchen wir zur würdevollen Gestaltung aller Lebensbereiche wahre LebenskünstlerInnen, die erfüllt sind von der Liebe zum Leben und die ihnen geschenkten Gaben des Lebens entdecken und mit ihnen Leben gestalten. So kann eine lebendige Energiespirale entstehen und grenzenlos wachsen, die innere Erfüllung schenkt und gleichzeitig Energie nach außen verschenkt, um auch andere zum wahren Leben zu verlocken.
Wir sollten in diesem Sinne unsere (noch) vorhandenen Systemverflechtungen und todbringenden Abhängigkeiten erkennen, sie

von der Wurzel her loslassen, die Nähe zu LebenskünstlerInnen suchen und versuchen, selber immer mehr in Einmaligkeit und Selbständigkeit solche zu werden. Dieses Loslassen und Anderswerden muß sich ehrlich, ganzheitlich und umfassend vollziehen und hellhörig und weitsichtig gestaltet werden, damit es ein befreiendes „Anders-sein" wird. Sonst besteht Gefahr, und das entmutigt dann viele, daß alte Abhängigkeiten mit neuen vertauscht und ein altes System durch ein neues ersetzt wird. Das hat schon manchen Menschen den Lebensnerv gezogen und die letzten Energiereserven geraubt.

LebenskünstlerInnen werden ist Entscheidung für ein neues Sein, für ein anderes Leben, für noch nie erfahrene Freiheit, aber auch für noch nie verspürte Verantwortung. Dieser Vorgang ist wie eine zweite Geburt, wie die Umwandlung der Raupe zum Schmetterling, wie die ersten Flugversuche von jungen Vögeln und wie Ostererfahrung nach durchlittenem Karfreitag.

Der Übergang vom systemgebundenen Leben in krankmachender Abhängigkeit zum Selbständigwerden in freier Verantwortung bedarf intensiver Trauerarbeit, um Abhängigkeit nicht mehr als Schutz, Uniformität nicht mehr als Einheit, Willkür nicht mehr als Norm, Selbstaufgabe nicht mehr als Gehorsam, Knechtung nicht mehr als Demut, Fanatismus nicht mehr als Begeisterung und Loslassen nicht mehr als Verrat und Abfall zu deuten oder deuten zu lassen. Diese Trauerarbeit lohnt sich, weil sie die Sicht wieder freigibt, alten Ballast abwirft und auf neues Leben hin entschlackt.

Die Entscheidung zur Lebenskünstlerin bzw. zum Lebenskünstler ist eine Entscheidung zum Sein und Werden, zum Durchbruch und Aufbruch, eine Entscheidung für das Leben und seine ungeahnten Möglichkeiten, für das Individuum und für Gemeinschaft, für ein Wachstum in Würde und für Entfaltung in Grenzenlosigkeit… Wie eine Lebensspirale, die Energie aufnimmt und spendet und wahrhaft grenzenlos leben läßt.

Mein Lebensbogen als Regenbogen

Als ich einmal gerade ein Kapitel für ein neues Buch schrieb, war draußen ein starkes Gewitter. Es war beängstigend dunkel, der Donner bedrohlich, der Blitz in seiner geballten Leuchtkraft erschreckend, und der Regen prasselte an die Fenster. Unwillkürlich legte ich eine Pause ein, hielt inne, stand auf und beobachtete das gewaltige Schauspiel. Nach einiger Zeit setzte ich, nicht unberührt, meine Arbeit fort. Es dauerte nicht lange, und ich mußte wieder unterbrechen: „Vati, ein Regenbogen!", riefen meine Kinder. Wieder hielt ich inne, und ich nahm mir Zeit, den beeindruckenden Regenbogen zu bestaunen und auf mich wirken zu lassen. Ich glaube, ich habe ihn meditiert und das Geheimnis seiner Entstehung in Betroffenheit bedacht. Obwohl seine Farben lange blieben, schien mir nachher die Zeit seines Vorhandenseins kurz. Ich hätte ihn noch länger mit Staunen beobachten wollen. Regenbogen haben mich schließlich immer schon beeindruckt. Ähnlich berührt bin ich, wenn ich meiner Frau beim Malen zusehe. Manchmal beneide ich sie, weil sie dort immer noch Farben zur Verfügung hat, wo ich keine Worte mehr finde. Das war auch mit ein Grund, warum ich schon länger davon träume, in einem Buch meine Worte mit ihren Bildern zu vereinen und die Worte mit den Farben spielen zu lassen.

Ist nicht auch unser Lebensbogen ein Regenbogen? Spiegeln sich nicht in unserer Lebensgeschichte alle Farben wider? Sollten wir nicht lernen, das ganze Spektrum an Farben in unserem Leben zu entdecken? Dürfen wir nicht in manchen Momenten, und vielleicht sind das gerade die Grenzsituationen, den Regenbogen unseres bisherigen Lebens sehen? Wird uns nicht in so mancher visionärer Stunde ein Blick auf den möglichen Regenbogen unserer Zukunft geschenkt?

Mir hilft es, daran zu glauben, daß die Farbe des Augenblicks momentan anders auf mich wirkt, als wenn ich sie integriert in ein

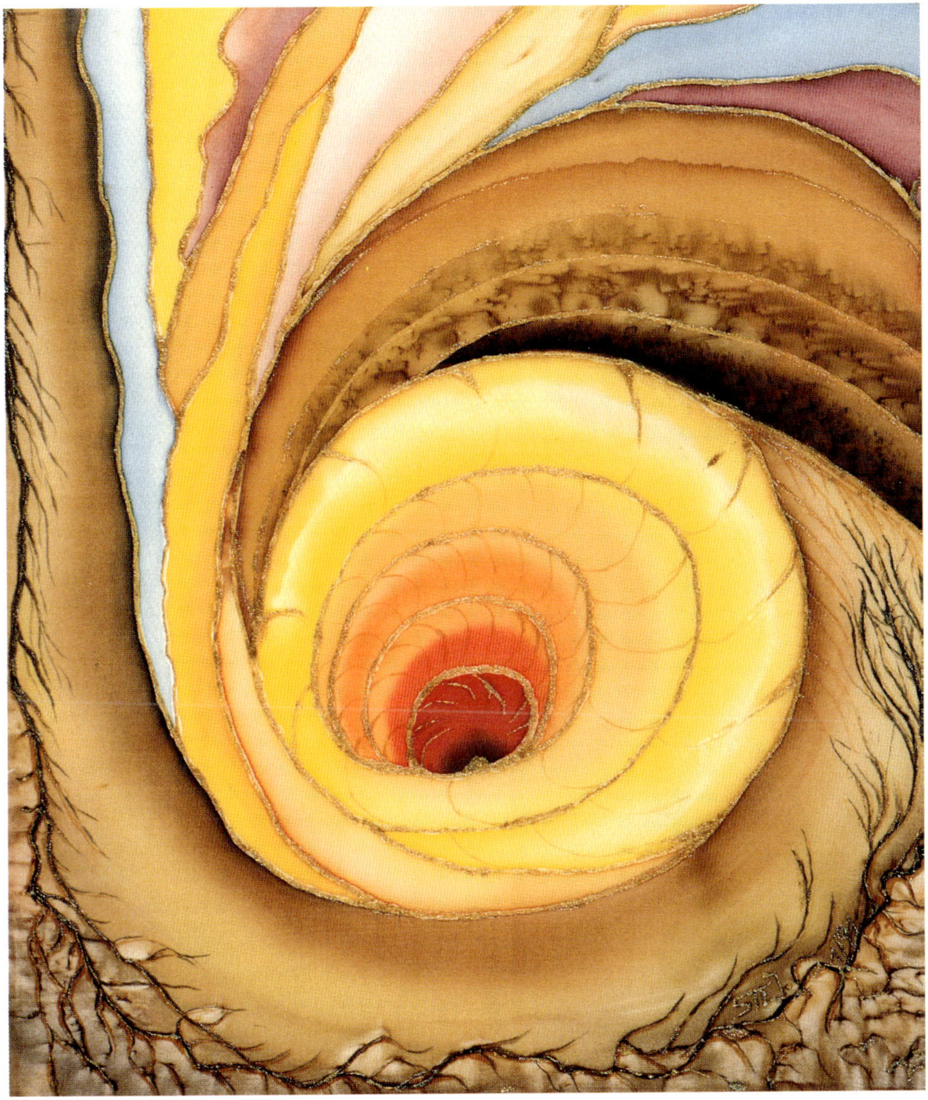

größeres Ganzes sehen und deuten darf. Eine zu vorschnelle Deutung und Bewertung aus der Momentaufnahme könnte mir die Sicht auf den entstehenden Regenbogen verstellen. Deshalb möchte ich jede Farbe meines Lebens annehmen und mit ihr malen können, mit den hellen, dunklen, grellen, gedämpften, warmen und kalten Lebensfarben.
Mir kommt vor, daß viele Menschen fixiert sind auf das Ganze hin. Es ist immer gleich die Rede vom Sinn des ganzen Lebens, vom Erfolg des Lebens, vom Ideal des Lebens, vom Lebensentwurf im Ganzen... Das führt nicht nur zur Überforderung, sondern auch zu fragwürdigen Belichtungen des Lebens, zu unnötigen Enttäuschungen und zur Vergeudung vieler wertvoller Energien. Ein eng definierter Lebensentwurf, eine bis ins Detail ausgeklügelte Lebensentwicklung und bis ins letzte geplante Lebensroute gleicht einer Programmierung, bei der der Ablauf wenig Änderung und schon gar nicht spontanes Geschehen und Gestalten zuläßt. Der oft zitierte sogenannte graue Alltag wird für viele wohl auch deshalb frustrierend, weil das Leben zum programmierten Funktionieren verkommen ist, bei dem Lebendigkeit verlorengeht und die Farben immer mehr schwinden. In diesem abstumpfenden Prozeß wird der Blick unscharf, die Gestaltungskraft geht verloren und das innere Ohr kann die Lebenstöne nicht mehr vernehmen. Gleichgesinnte Jammerer zu finden ist dann nicht schwer, und es wird verlockend, sich gemeinsam der Resignation zu ergeben, weil das Grau zum gemeinsamen Blickfang geworden ist. Die Tragik ist, daß Betroffene dann Leiden und Lasten in einen gemeinsamen Schicksalstopf werfen, der sie dann in der gewachsenen Größe miteinander erdrückt. Auch wenn dies als Solidarität ausgegeben wird, steht dahinter eine Weigerung, zunächst einmal sich der individuellen Herausforderung existentiell zu stellen und dazu Hilfe von außen mit Zuführung positiver Kräfte in Anspruch zu nehmen. Mein Lebensbild muß ich bei aller nötigen Hilfe selber malen. Ich muß dazu meine Farben nehmen und selber auch die Mischung vornehmen und verantworten. Mein Bild, mein Lebensbogen und

mein Regenbogen ist einmalig, wie ich es bin, und muß es auch sein, um für mich stimmig und damit erfüllend zu sein. Auch in der Natur ist jeder Regenbogen einmalig und einzigartig. Wie verschieden sind doch die Stimmungsbilder, die Regenbogen vermitteln können, wie verschieden die Zeit, der Hintergrund, das Zusammenspiel der Naturgewalten, wie verschieden auch die Aufnahmebereitschaft und das mögliche Innehalten und Staunen der zum Betrachten bereiten Menschen. Die einen nehmen den Regenbogen wahr und wenden unberührt den Blick ab, andere registrieren ihn nicht einmal, und wieder andere können sich nicht satt sehen, atmen förmlich das Geschenk der Farbenpracht in sich ein. Ich denke, die Natur bietet mir im freien Kräftespiel die Farben an, damit ich, grundsätzlich befähigt, im Wechelspiel geschenkten Wachstums und eigenständiger Gestaltung meine Lebensbilder malen kann. Vieles nimmt erst im Malen Gestalt an; manchmal erschreckend, manchmal wohltuend; manches vage und anderes von sehr konkreter Gestalt. Ich kann die Bilder einzeln betrachten und Einzelheiten analysieren, aber auch Zusammenhänge erahnen und in diesem Erschließen neue Deutungen und Ansporn zum Weitermalen finden. Betrachter von außen sind erwünscht, und ihr vermittelter Eindruck ist nicht ohne Bedeutung, aber meine Lebensbilder sollten nicht das vorrangige oder gar ausschließliche Ziel haben, anderen zu gefallen. Heilvoll ist die Stimmigkeit meiner Werke in mir und mit mir, wenn sie unzensurierter Ausdruck meines Selbst und mit meinen ureigensten Farben gemalt sind. Nicht alle und schon gar nicht alles muß den Betrachtern gefallen. Ja ich muß damit leben und kann letztlich sogar stolz darauf sein, daß manche Gestalt, manche Farbe und manche Mischung der Farben nur von mir selbst erfahren und im inneren Zusammenhang gedeutet werden kann. Wie viele Farben, die von einseitigen Standpunkten von Menschen gar nicht erkannt werden können, mag Gott und seine göttliche Liebe erst entdecken?
Mein Glaube gibt mir die befreiende Zuversicht, daß mein Lebensbogen auch im ganzen sicher ein wunderbarer Regenbogen

wird. Mein Glaube ermuntert mich immer mehr, nicht nach Vorlagen zu arbeiten und keine zugeschnittenen Schablonen mehr zu verwenden. Mein Glaube drängt mich, die Farben nicht für sich allein zu bewerten oder gar gegeneinander auszuspielen. Mein Glaube bewegt mich, mit meinen Farben einfach zu spielen, zu probieren, zu mischen und zu malen, immer wieder zu malen. Mein Glaube lädt mich ein, mich der spannungsgeladenen Ungeduld der Erwartung des Ganzen nicht zu entledigen, aber doch auch mit geduldiger Gelassenheit immer wieder neu mich der Kreativität anzuvertrauen und nie frühzeitig auf Abschluß fixiert zu sein. Mein Regenbogen wird meinen Lebensbogen darstellen. Nicht der Umfang, nicht die Länge und Breite, nicht die Quantität wird letztlich im Vordergrund stehen, sondern die Qualität der Farben und deren kreatives Spiel. Damit kann ich den Zwang zum Malen und auch zum Mischen der Farben loslassen und die Einladung zur kreativen Gestaltung zu meiner eigenen Heilung und Reifung annehmen.

In der Natur gibt es keinen Regenbogen bei tiefblauem wolkenlosem Himmel und Sonnenschein. Das Dunkel bedrohlicher Regenwolken ist im Zusammenspiel mit den durchdringenden Strahlen der Sonne geradezu notwendiger Kontrasthintergrund und auch Ermöglichung, um der ganzen Farbenpracht des Regenbogens eindrucksvoll Ausdruck zu geben. So beruhigend ein prächtiger Regenbogen wirken mag, so gewaltvoll und energiegeladen ist sein innerer Entstehungsprozeß. Gilt das nicht auch für unsere Lebensgeschichte, für den inneren Zusammenhang unserer Stunden, Tage und Jahre?

Mein Lebensbogen als Regenbogen, eine Lebensspirale nach innen gerichtet und nach außen offen, vom Hintergrund und der Umgebung scharf abgegrenzt und doch damit innerst verflochten, Einladung zum Betrachten und doch nicht an dieses gebunden! Mein Lebensbogen als Regenbogen, Gott sei Dank nicht nur Ereignis des Augenblicks, sondern gemalt, um weiter zu wachsen mit bleibenden Farben!

Und jetzt? …

Das ist die entscheidende Frage vieler Menschen heute. Es wird bedacht, analysiert, kommentiert, verglichen, diskutiert, kritisiert und konfrontiert. Dies alles kann gut und hilfreich sein. Aber dann kommt die so vieles entscheidende Frage: „Was jetzt?" als existentielle Herausforderung.

Der kleinste Augenblick hat einen Hauch von Ewigkeit an sich. Das ist aufbauend und heilend, wenn ich ihn nütze, aber sehr schade, wenn ich ihn versäume. Wach werden ist traumhaft, wenn ich mich in den angebrochenen Tag hinein aufrichte und ihn erlebe, wenn ich ihn durch meine Gestaltung zu meinem Tag werden lasse.

Licht und Wärme spendet mir die Sonne, doch aufstehen und die Fenster öffnen muß ich selber. Auf mein Leben übertragen entscheide im Grunde ich selbst, wie ich mit den Anfragen meines Lebens an mich umgehe! Natürlich fallen Ihnen und mir sofort unzählige Wenn und Aber ein. Es gibt so viele, scheinbar logische, Gründe und Begründungen dafür, daß ich das Loslassen, den Abschied, den Aufschrei, den Aufbruch, die Veränderung, die Entscheidung … noch einige Zeit verschieben muß. Bei näherer Betrachtung stehen aber hinter scheinbar klaren Argumenten Feigheit, Bequemlichkeit und vor allem viel Angst vor der neuen Freiheit, Selbständigkeit und Unabhängigkeit.

Und jetzt? … ist eigentlich zunächst die Einladung zum Beginn der Trauerarbeit. Lebensveränderungen sind unweigerlich mit Trauerprozessen verbunden. Denn, so sehr mir Altes auf die Nerven geht, mich einengt und krank macht, so sehr ist es mir doch lieb und vertraut geworden. Auch deshalb, weil so viele andere ebenso dieses Spiel spielen. Wenn ich Abschied nehme, bedroht mich zunächst einmal Einsamkeit. Ich muß heraustreten, enttäuschen, Abwehr und Ausgrenzung verspüren und mir viele, zum Teil erschreckende Fragen stellen lassen. Es ist ein nochmaliges Aufbäumen des Sy-

stems, das mich nochmals verlocken möchte, die Fesseln doch nicht zu lösen, da sie nicht nur vereinnahmend binden, sondern mir auch gleichzeitig Schutz vorgaukeln. Von allen Seiten ruft man mir zu, wie ich zu sein habe, und Unheilspropheten skizzieren das Unheil, das mich erwartet, wenn ich ausbreche. So haben es schon viele wieder aufgegeben, die zum Greifen nahe Freiheit auch wirklich zu ergreifen, und am Fenster stehend, dieses zu öffnen, um frische Lebensluft atmen zu können.
Viele sind gerade heute nahe daran, ihre Lebensherausforderungen zu erahnen und sogar zu erkennen, die Wege zur erfüllenden Gestaltung am Horizont sehen zu können und das offene Tor vor sich zu haben. Es ist, wie wenn ich bereits auf dem Weg zum Gipfel des Berges bin und genau weiß, welch herrliche Wirklichkeit mich oben erwartet. Viele werden mir im Tal sagen, daß es doch auch unten schön und die Sonne auch hier zu sehen sei. Dann stelle ich die Frage: „Und jetzt?" – Und auf einmal werde ich spüren, daß nicht nur ich diese Frage stelle, sondern sie mir gestellt ist!
Je mehr ich den Blick nach oben hebe, die Arme ausbreite und durchatme, desto deutlicher wird der schon im feurigen Licht liegende Gipfel mich locken. Vom Licht erregt und fasziniert, werde ich die Rufe zu bleiben überhören, die Fesseln des bisherigen Bodens loslassen können und mich voller Kraft auf den Weg machen. Bergauf wird noch manche Gefahr mich fordern und noch manches Dunkel mir vorübergehend den Blick zum Licht entziehen. Aber ich werde bestehen, weil neue Töne in mich dringen, taufrische Luft mich durchpulst und der Blick zurück in der Faszination längst vom Blick nach vorne abgelöst wird! Auf dem Weg hinauf sind weniger Menschen als im Tal, sie sind anders, und anders bin inzwischen auch ich.
Und jetzt? ... Jetzt möchte ich nicht mehr unten sein, nicht mehr umkehren und auch gar nicht mehr zurückschauen. Ich möchte weitergehen, weiter dem Gipfel, dem Licht, dem Horizont, der Sonne, dem Leben zu!
Und jetzt? ... Jetzt ist mir klar, was ich zu tun habe!

Wesentlich ist, daß ich aus Kollektiven jeder Art ausscheide und mir meiner Individualität bewußt werde. Meine Angst, mein Besitzergreifen, meine Gier, meine Sucht, meine Fesseln und meine Fixierungen muß ich erkennen und durchschauen, um mich dann auch lösen und in diesem Loslassen ein wahrer Mensch werden zu können. In allen Religionen gehört zur Mitte ihrer ursprünglichen Botschaft die Mahnung, die vielen kleinen Tode im Leben bewußt zu sterben, um in neuem Bewußtsein wahres Leben zu suchen und individuell zu gestalten. Wahres Leben ist nicht einfach machbar, besitzbar und fixierbar. Wahrhaft erfüllendes Leben setzt voraus, mich in das Urvertrauen, in die göttliche Schöpfung fallen zu lassen, um alle Lebensgier und damit auch Lebensangst immer mehr loswerden zu können. Erst wenn ich der besitzergreifenden Lebenssucht entsage und mich dem Sehnen nach wahrem und erfüllendem Leben hingebe, werde ich alle Abhängigkeiten überwinden und in echtem Selbstbewußtsein meinen Weg gehen können. Dann bin ich von niemandem mehr abhängig, niemandem mehr untertan und ausgeliefert, durch Angstmechanismen nicht mehr als Besitz ergreifbar und auch niemandem verpflichtet, Sucht mitzutragen.

In diesem Sinne soll ich mein bisheriges, von Abhängigkeiten geprägtes und verängstigtes Leben verlieren, ja sterben, um mein wahres Leben zu gewinnen und mein wahres Selbst zu finden. Das ist befreiendes Wachstum auf echte Lebensfülle hin, die mich jetzt schon laufend erwartet und mir offensteht. Diese Fülle guten Lebens entzieht sich ja zum Schutz für mich allen Versuchen der Besitzergreifung und Verurteilung durch Außenstehende, um mir in aller Freiheit erwachsen zu können. So kann echte Erneuerung und damit Menschwerdung in Wachstum auf Fülle hin letztlich nur aus mir selbst, aus meinem göttlichen Kern sich entfalten und niemals von außen nach Bedingungen selbsternannter Anwälte und Verfügungsgewaltiger zugeteilt werden.

Ich bin mir und meinem Schöpfer und meinem Gewissen als innerster und göttlicher Stimme in mir verpflichtet.

Und jetzt? Diese Frage kann mir sagen: Hör auf, andere zu fragen, wie du zu leben hast! Hör auf, mit anderen die Gier nach Leben und gleichzeitig die Angst vor dem Leben und dessen Verlust zu teilen! Hör auf, selber abhängig zu sein und, um dies zu ertragen, deinerseits andere von dir abhängig zu machen! Hör auf, dein Leben von anderen verwalten und deine Hoffnungen von anderen bestimmen zu lassen! Hör auf, negative Einflüsse in Kauf zu nehmen, um mit anderen Macht teilen zu dürfen! Hör auf, Orden, Würden und Ehrungen in Empfang zu nehmen, um, auf Eigenständigkeit verzichtend, als Mitspieler im System willkommen zu sein! Hör auf, dein kostbares Selbst zu verraten und preiszugeben, um für kurze Zeit einige Lebensdrogen oberflächlichen Lebenskonsums gierig erhaschen zu können! Hör auf, dich selbst zu zerstören, um dich Illusionen zu opfern, die statt verheißenen Lohnes nur gähnende Leere vermitteln! Hör auf, dich selbst krank zu machen, und dadurch Werkzeug für andere zu werden!
Und jetzt? Diese Frage kann mich zum befreienden Loslassen und somit Sterben einladen. Stirb dem System, dem Zugriff, der Abhängigkeit, der Gier, der Sucht, dem Haben-wollen, dem Besitzen, der Herrschaft, der Schuldzuweisung, der Angst, dem Zwang! Stirb der tödlichen Hingabe und werde frei für selbstgestaltetes Leben, für zuwachsende Lebensfülle und für befreiendes göttliches Leben! Stirb den alten Verflechtungen und Fesseln dahinsiechenden Lebens und öffne dich in neuer Freiheit den Verlockungen wahren Lebens und seiner köstlichen Früchte! Stirb dem alten Haben und Festhalten und vertraue dich der göttlichen Lebensdynamik mit ihrem Überfluß an Kraft, Liebe und Energie an, um selber daraus leben zu können!
Und jetzt? Diese Frage kann für mich der entscheidende Anstoß zum Anderswerden sein, ein göttlicher Augenblick, der mich vom Alten Abschied nehmen läßt und mir noch nie erahnte Ziele vor Augen stellt!
Und jetzt? Diese Frage betrifft mich! Laß ich mich be-treffen?

Selber leben!

Die größte Gnade, die mir geschenkt werden kann, ist es, meinen Weg vor mir zu sehen und ihn zu gehen. Die Entscheidung, selber zu leben, ist Entscheidung zum Leben und zur Lebendigkeit.
In der Begleitung von Patienten auf der Intensivstation durfte ich schon miterleben, welch wunderbares Ereignis es ist, wenn die Beatmungsmaschine zurück- und dann abgeschaltet werden kann, weil der Patient in der Lage war, selber zu atmen. Es ist gleichsam ein Fest für alle. Auch ich fühle mich wie in anderen Sphären, wenn ein Patient, meist mit Freudentränen in den Augen, mir mitteilt: „Ich kann selber atmen!"
Atmen heißt, ich bin lebendig, ich lebe! Für mich sind das tiefe Erfahrungen, bleibende Erinnerungen und zugleich Mahnung für mein eigenes Leben.
SELBER LEBEN! Das ist die Sehnsucht der Seele, die Ursehnsucht des Menschen! Selber leben ist Voraussetzung für Heilung und Erfüllung! Wenn ich meinen Weg entdecke und gehe, kann nichts mich wirklich krank machen, nichts mich tatsächlich bedrohen und nichts mich letztlich zerstören.
SELBER LEBEN! Die Entscheidung dazu braucht die Entscheidungszeit, und das bedeutet Krise. SELBER LEBEN! Das setzt den Ausbruch aus fragwürdigen Kompromissen, aus Schein-harmonie und „goldener Mitte" voraus.
SELBER LEBEN! Das verlangt Standortbestimmung und Grenzziehung. Alles ist davon betroffen: meine Bildung, meine Berufswahl, meine Beziehungen, meine Religiosität, meine Träume, meine Ziele, mein Alltag, meine Pläne, meine Sicherheiten … Alles ist davon berührt. Für mich ist die Entscheidung, selber zu leben, tiefstes Ja zum Leben, innigste Übereinstimmung mit Gott und letztlich auch effektivster Ausdruck gelebter Solidarität.
Askese erreicht dort ihre heilendste Ausgestaltung, wo ich mich frei mache von allem, was mich hindert zu leben. Mystik reift dort

zu ihrer edelsten Form, wo ich mich voller Vertrauen in die göttliche Liebe berge und von dorther alle lebendigen Kräfte beziehe. Deshalb sollte es für alle Erziehung, alle Bildungsvorgänge, alles Helfen und alle Begleitung nur ein Ziel geben: dem Menschen helfen, selber zu leben. Dazu muß oft vieles aufgelöst und losgelassen werden – sterben. Das ist echte Sterbeerfahrung, die in aller Todeserfahrung zur Lebenserfahrung wird.
Wenn ich heute auf diesem Hintergrund mein Leben betrachte, bin ich dankbar für alle Sterbeerfahrungen, denen ich mich gestellt und die ich auf mehr Leben hin gestaltet habe. So manchen habe ich mich bisher noch nicht ausreichend gestellt, weil die Angst vor dem Loslassen zu groß war. Zwei Krisen haben bisher mein Leben besonders erschüttert. Die eine war meine Krankheit, die zu einer existentiellen Erschütterung wurde, aus der ich mein Leben über weite Strecken neu entwerfen durfte. Ich bin durch sie anders geworden, aus meiner Sicht freier, mutiger, mündiger, selbstbewußter und glücklicher. Vieles konnte ich damals loslassen, Neues mir zutrauen und dieses auch tun. Es wurde zum Segen für mich, meine Frau, meine Kinder, und ich hoffe, in der Begleitung auch für viele andere. Die vielen Warum-Fragen von damals haben für mich weitgehend Antworten gefunden.
Die andere Krise bewegt mich noch. Nach fast zwanzig Jahren intensiven Dienstes in der Kirche fand ich mich im wahrsten Sinn des Wortes „plötzlich" in einem kräftigen innerkirchlichen Konflikt. Der Leidensdruck für mich und meine Familie war und ist gewaltig. Die Warum-Frage drängte mit Schmerz sich auf. Die Erfahrungen meiner Krankheit kamen mir aber zu Hilfe. Mir wurde klar, daß ich gefordert bin, daß ich meine Augen und Ohren noch mehr zu öffnen habe und noch viel konsequenter Lebensspuren und Todesstrukturen auseinanderhalten muß. Der Konflikt zeigt mir, auf viele Bereiche bezogen, auf, wo Ursprung und wo Erstarrtes, wo Heilung und wo krankmachende Wurzeln, wo Freiheit und wo Knechtung, wo Liebe zum Menschen und wo Menschenverachtung, wo Gemeinschaft und wo Masse, wo Ehrlichkeit und wo

Scheinheiligkeit, wo Aufbau und wo Zerstörung, wo Weite und wo Enge, wo Zuwendung und wo Herrschaft, wo Sein und wo Haben, wo göttlicher Geist und wo menschliche Sucht die Wege bahnt.

Ich habe noch selten soviel geträumt, so viele Visionen zugelassen, soviel Neues entdeckt und noch nie so massiv den Ruf vernommen, selber zu leben, wie in dieser Zeit. Noch nie haben mir so viele Menschen von derselben Sehnsucht und Ermutigung auf neue Wege des Lebens und Glaubens hin erzählt. So wird auf einmal die Herausforderung zur Chance der Befreiung, die Gestaltung des Neuen wichtiger als die Beschäftigung mit dem Alten, die Entdeckung neuer Lebensräume vordergründiger als das Herausfinden von Schuldigen und die Vision zur Heilung des subjektiv empfundenen Schmerzes. Eine derartige Krise ist wie ein Reinigungsvorgang, in dem sich Systeme im großen und kleinen demaskieren, Verschwommenheit zur Klarheit wird und viele tiefgreifende Blicke hinter die Fassaden und Masken sich auftun.

All das dient letztlich der Klarheit des eigenen Seins, der Konfrontation mit der eigenen Wertordnung und dem Auftrag, neue Lebensentwürfe zu wagen. Begriffe wie Autorität, Kompetenz oder Macht bekommen auf einmal eine neue Dimension und die Berufung auf Wahrheit und Gott eine neue Fragwürdigkeit. So wird die Krise zur Chance, das „Trotzdem" zur Sicherheit und das Beschreiten des eigenen Weges zur heilenden Gewißheit.

SELBER LEBEN ist das lebendige Ja zur einmaligen Einladung Gottes an mich. Es verlangt die wahre Demut, nicht für andere zu wissen, wie sie zu leben haben, sondern meinen Weg zu erkennen und zu gehen. Es führt weg von der verordneten Wahrheit hin zur Entfaltung der ursprünglichen Wahrheit.

SELBER LEBEN macht nicht das Ich zum Gott, sondern läßt Gott durch mich leuchten. Es ist keine Absage an das Du, sondern macht Begegnung, Partnerschaft und letztlich Liebe erst möglich.

SELBER LEBEN hat nichts zu tun mit Willkür, sondern macht die Pflicht gleichsam zur Kür. Es ist das Bemühen, mich selbst zu finden und durch mein bewußtes Leben gerade dem Ganzen der gött-

lichen Schöpfung würdig zu sein. Ich bin Teil des Lichtes und darf deshalb auch selber strahlen; ich bin der Lebensfülle des Schöpfers entsprungen und soll deshalb auch selber Leben gestalten. Glücklich ist nicht, wer sich jeden Weg leisten kann, sondern wer seinen Weg kennt und diesen auch geht. Heilig ist nicht, wer konstruierten Normen am besten entspricht, sondern der göttlichen Mitte in sich durch Strahlkraft Ausdruck verleiht. Bestaunenswert ist nicht, wer es sich mit allen richtet und für diese Scheinharmonie von rundum schmeichelnden Applaus bekommt, sondern wer in aufrichtiger Stärke zu seinen Grenzen steht und diese gegebenenfalls auch anderen zieht. Seligzupreisen ist nicht, wer in Gehorsam und treuer Ergebenheit sich selbst, seine Freiheit und Würde hingibt, sondern im existentiellen Horchen auf die Stimme des göttlichen Wortes den Auftrag zum wahren Leben in seiner Grenzenlosigkeit vernimmt und allein diesem folgt und verpflichtet bleibt.
Die göttliche Liebe ist zu grenzenlos, zu vielfältig und zu menschenfreundlich, um sich durch Systeme einordnen und verteilen zu lassen. Sie strömt über alle von Menschen errichteten Barrieren hinweg direkt auf die Menschen zu, die sich ihr öffnen. Die göttliche Liebe braucht keinen Verteilerkreis, keine Instanzen und keine Apparate für ihre Dosierung; sie verströmt sich einfach im Übermaß und Überfluß auf direktem Weg zu den Menschen.
So wird der echte und ursprüngliche Glaube zur Motivation, mich dieser unendlichen Lebenskraft zu öffnen, aus dieser nie versiegenden Lebensquelle zu trinken und durch meine bewußte eigenständige Lebensgestaltung meine Liebesgeschichte mit meinem Gott in unbegrenzter Spontaneität und unreglementierter Dynamik einfach, mutig und klar zu leben.
Es ist *mein* Leben, für das ich zuständig bin. Es ist *meine* Zeit, die ich zu gestalten habe. Es sind *meine* Kräfte, die ich einsetzen soll. Es sind *meine* Möglichkeiten, die mich verpflichten. Es ist *meine* Verantwortung, die *meiner* Freiheit entspringt. Es ist *mein* Weg, dermich auf die Höhen *meiner* Erfüllung führen möchte.
Gehen muß, besser gesagt, darf ich ihn selbst!

Mein Weg

Ich habe einen Weg entdeckt,
wo Platz ist,
aber sich keine Massen tummeln.

Ich haben einen Weg entdeckt,
der nach oben führt,
aber das Oben geheimnisvoll offen läßt.

Ich habe einen Weg entdeckt,
der eine klare Richtung hat,
aber mich nicht vereinnahmt.

Ich habe einen Weg entdeckt,
der mich fasziniert,
aber auch das Umfeld kostbar läßt.

Ich habe einen Weg entdeckt,
den mir niemand verordnet hat,
sondern der mir erwachsen ist.

Ich habe einen Weg entdeckt,
der mein Weg werden könnte!

MEIN WEG ....!

Wie ein Baum, der ins Licht wächst

Bäume haben mich immer schon besonders fasziniert. Ihr Artenreichtum, ihre Gruppierung, ihre Verankerung, ihr Emporragen, ihre Robustheit, ihre Anfälligkeit, ihr Lichthunger, ihre Größe, ihre Sauerstoffspende, ihr Wuchs, ihr Platzbedarf... Oft schon stand ich bewundernd und stimmungsvoll berührt vor einem Baum. Obwohl ich die Wälder und Baumgruppierungen in ihrer Gesamtbedeutung und ihrem Gesamteindruck dankbar bestaune, mich über ihre gemeinsame Farbenpracht freue und gerade darin die Vielfalt der Natur bewundere, bin ich doch noch mehr ergriffen, wenn ich vor einem einzelnen Baum stehe und mich in seinen Bann ziehen lasse. Da bin ich meditierend ganzheitlich bis in die feinsten Fasern meines Seins sinnlich berührt. Die Wurzeln, der Stamm, die Äste, die Blätter, die Blüten bzw. Früchte sprechen mich in meinen Wurzeln, meiner Erdung, meiner existentiellen Verästelung, meinem Blühen und meiner Sinn-werdung in Ergriffenheit an. Der blühende Baum entlockt mir meine Visionen, der Baum mit Früchten in Reifung schenkt mir Genugtuung und Wegweisung für mein eigenes Werden, der Baum in der Ernte läßt mich auch die Früchte meines bisherigen Lebens erkennen und schätzen, und der kahle Baum ist mir belebendes Symbol für die Vorbereitung auf den Frühling.

Ich weiß für mich von der Natur her nichts, das mich besser durch das Jahr und meine Zeiten, auch in der Symbolik, begleiten könnte als ein Baum. Näher als zum Beispiel die immergrünen Bäume sind mir jene, die sich laufend verändern. In ihnen finde ich mich wieder. Auch ich möchte wachsend mich ständig verändern. Mit dem Baum möchte ich meinen Hunger nach Licht zulassen, den für mich notwendigen Platz in Anspruch nehmen, die Wurzeln auf Suche nach bestem Nährboden schicken, die Äste in Freiraum entfalten, stets neu die Knospen zur Blüte und Fruchtwerdung ansetzen. Mit dem Baum möchte ich das Wagnis eingehen, mich den

Stephanie J.
91

Kräften der Natur zu stellen und mich zu behaupten. Mit dem Baum möchte ich mir das notwendige Wasser aus dem Mutterboden Erde entnehmen und es als meine Aufgabe betrachten, ähnlich dem Baum zum Anblick einzuladen, Schatten zu spenden und Frucht anzubieten.
Wie ein Baum, der ins Licht wächst, möchte ich mich sehen und mein Leben deuten. Der wirklichen Sonne und dem natürlichen Licht möchte ich mich zuwenden. Ich brauche kein künstliches Licht, keine gefilterten Strahlen, kein Abbild der Sonne! Das natürliche Wasser möchte ich aufsaugen. Ich brauche kein kanalisiertes, streng zugeteiltes und in genormten und betonierten Flußläufen getriebenes Wasser. Die gewordene Erde möge mein Nährboden und das Fundament für meine Verwurzelung sein. Ich brauche keine im Labor gemixte Mischung, die vielleicht noch das Wachstum und auch die Früchte nach Norm produziert. Den Kreislauf des Jahres, vom Aufblühen bis hin zum Verwelken, als Voraussetzung für neues Wachstum möchte ich in natürlichem Reigen erfahren. Ich brauche kein Überspringen und kein Ausschalten von Phasen, die andere als unnütz oder gefährlich bezeichnen.
Wie ein Baum, der ins Licht wächst, möchte ich natürlich wachsen können. Nicht der nach Norm produzierte Baum lädt in Wirklichkeit zum Staunen ein, spendet den wohltuendsten Schatten und gibt die köstlichsten Früchte. Der natürlich gewachsene Baum ist es, der uns auch in seiner Symbolkraft zum Durchatmen einlädt und auch so manche Verkrümmung und manchen Wildwuchs in wahre Schönheit integriert.
Wie ein Baum, der ins Licht wächst, möchte ich zu meinem Wachstumsrhythmus finden, mich entfalten und umfassend dem Licht zustreben, ohne auf die Erdung zu vergessen.
Wie der Baum zur Erntezeit die Früchte verschenkt und die Blätter dann losläßt, um den neuen Wachstumsschub und das neue Aufblühen vorzubereiten, möchte auch ich dem nötigen Sterben mich stellen, um neu aufstehen zu können. Das macht die Todeserfahrung zur Lebensvorbereitung auch im Kleinen des Alltags.

So wird auch mir selber das Schreiben dieses Buches zur neuen Herausforderung. Wenn ich schreibe, sitze ich nicht am Konstruktionstisch, sondern es fließt in mir und aus mir. Mein ehrlicher Wunsch ist, auch anderen behutsam Einblick in mein Leben, mein Ringen und Suchen zu geben; nicht um zu zeigen, wie man es macht, sondern um einzuladen, innezuhalten und mutig selber zu leben. Ich spüre, daß ich selbst noch viel Mut brauche, noch viel zu verändern habe und noch ungeahnte Freiräume beglückenden Lebens betreten darf. Ich darf noch mehr zu meiner Sensibilität stehen, meinen Gefühlen noch mehr vertrauen und zu ihnen stehen. Ich darf die fraulichen Anteile in mir, als Mann, noch viel mehr zulassen. Ich darf mich noch mutiger aus noch vorhandenen Abhängigkeiten und Ängsten lösen und mich für meine Wege freimachen. Ich darf Unterwerfungsversuche von außen noch bestimmter und selbstbewußter zurückweisen und mich ihnen vollends entziehen. Ich darf meine Träume noch freier und spontaner zulassen und an ihre Gestaltwerdung glauben. Ich darf noch inniger und persönlicher mit meiner Sprache, meinen Gefühlen, meinem Denken und meinen Sinnen uneingeschränkt mit meinem liebenden Gott kommunizieren und Einheit suchen. Ich darf noch selbstbewußter all jene enttäuschen, deren Idealbild ich nicht mehr entsprechen will. Ich darf noch deutlicher benennen, was ich als lebensbedrohliche Strategien erkenne. Ich darf auch andere dazu einladen, noch weit mehr Geschmack am Leben und seinen köstlichen Gaben zu finden und sie in gottgeschenkter Köstlichkeit zu verkosten. Ich darf mich auf den Weg machen und mich wie ein Baum erleben, der den neuen Frühling im Ansetzen neuer Knospen nicht nur ersehnt, sondern erlebt.
Wie ein Baum, der ins Licht wächst, möchte meine menschliche Kraft an göttlicher Kraft sich nähren und meine Begrenzung sich in göttlicher Grenzenlosigkeit auflösen.
Wie ein Baum, der ins Licht wächst, möchte ich mein Dunkel vom Licht durchdringen lassen und mich darin auch mit meinem Schat-

ten versöhnen, der im Wechselspiel von Dunkel und Licht geradezu bewirkt wird.
Wie ein Baum will ich in der Nacht und Kälte bestehen und den neuen Morgen erwarten, der in seiner Art mir neues Licht und neue Wärme schenken wird.
Wie ein Baum, der ins Licht wächst, möchte ich Farben des Lebens annehmen, mich in ihnen wohl fühlen und selber zur Farbenpracht vielfältigen Lebens beitragen. Wie ein Baum, der ins Licht wächst, möchte ich sein, ein Mensch, der sich auf Gott hin öffnet, sich darin selber findet und so auch mit anderen und aus gestalteter Verwiesenheit für andere zum Segen wird.
Wie ein Baum, der ins Licht wächst, möchte ich werden; ein Mensch, der individuell und mündig sein Wachstum gestaltet und in Reifung sowohl Einmaligkeit darstellt, als auch Gemeinschaft entfalten hilft.
Wie ein Baum, der ins Licht wächst, will ich sein, ein göttliches Geschöpf, das einen eigenen Namen bekam, eine eigene Sendung und eigene Gaben, um den eigenen Weg als Beitrag zur Vielfalt des Ganzen göttlicher Schöpfung kreativ beschreiten zu dürfen.
Wie ein Baum, der ins Licht wächst, möchte ich werden, ein Mensch, der seine eigene Menschwerdung ein Leben lang als Herausforderung lebt und wie die Äste des Baumes das Licht, mit allen Sinnen den Sinn im Augenblick findet und auch im Ganzen des Lebens die Erfüllung dann erlebt.
Wie ein Baum, der ins Licht wächst…

Wie ein Baum, der ins Licht wächst, fühle ich mich

wenn ich in der Krise neue Wege entdecke
wenn ich es wage, Abschied zu nehmen vom Alten
wenn ich im Konflikt mein Rückgrat spüre
wenn ich mit Mut meine errungene Meinung vertrete
wenn ich es riskiere, auch zu enttäuschen
wenn ich nicht so bin, wie man mich haben will
wenn ich meine Lebensbilder mit meinen Farben selber male

WIE EIN BAUM, DER INS LICHT WÄCHST,
FÜHLE ICH MICH

wenn ich mein eigenes Herzklopfen spüre
wenn ich meine Tränen der Trauer fließen lasse
wenn ich mein Lachen vor Freude spontan ausdrücke
wenn ich meine Sinne vor Erregung auf Erfüllung orientiere
wenn ich die Energie spüre, die mich durchströmt
wenn ich ganz geheimnisvoll still werden kann
wenn ich meine eigene Mitte erfahre

WIE EIN BAUM, DER INS LICHT WÄCHST,
FÜHLE ICH MICH

wenn ich voller Erwartung die Sehnsucht nach Begegnung erlebe
wenn ich die Geschenke meines Lebens mit anderen teile
wenn ich jenen meine Stimme leihe, die stumm geworden sind
wenn ich voller Zärtlichkeit jene berühre, die sich nicht bewegen können
wenn ich nicht mehr klar unterscheiden kann, ob ich Gebender oder Empfangender
wenn ich das göttliche Licht auch im Dunkeln sehen kann
wenn andere mir sagen, daß es gut ist, daß es mich gibt

DR. FRANZ SCHMATZ, Jg. 1950, Familienvater und Diakon, ist Univ.-Doz. für Pastoraltheologie in St. Pölten und Leiter des dortigen Religionspädagog. Instituts, er ist in Logotherapie und Existenzanalyse nach V. E. Frankl ausgebildet und arbeitet in der Krankenhausseelsorge. Der Autor litt selbst jahrelang an einer schweren Krebserkrankung, seine Erfahrungen helfen ihm, anderen Trost zu spenden und neuen Lebensmut zu schenken.

STEPHANIE SCHMATZ, mit dem Autor verheiratet, Mutter von zwei Kindern, malt „schweigende Worte, beredte Bilder" – auf ihrer Suche nach neuen Ausdrucksformen kam sie zur Seidenmalerei. Ihre Bilder verleihen dem Text dieses Buches Farbe und Leuchtkraft.

Im Tyrolia-Verlag sind vom Autor erschienen:

Geborgenheit und Trost
Ein Meditationsbuch
80 Seiten mit 10 doppel- und 8 einseitigen Farbbildern, geb.
„Nicht nur in der seelsorglichen Begleitung am Krankenbett, auch in jedem zwischenmenschlichen Miteinander eröffnet dieses Buch Wege und Brücken." (Die Zeit im Buch, Wien)

Glaube malt Lebensfarben
Meditationsband
80 Seiten mit 19 doppelseitigen Farbbildern, geb.
Der Autor zeichnet das Bild eines befreienden Glaubens, der zu Tiefgang und Höhenflug einlädt und so bunte Lebensfarben schafft, die den Menschen am Leben und seinen Gaben Geschmack finden lassen.

Lebensbegleitung aus dem Glauben
Wir sind alle Seelsorger/Innen
104 Seiten, Broschur
Der Autor zeigt neue und ungewohnte Wege der Seelsorge auf, die die Aufgabe aller ist. Er ermutigt zu eigener Standfestigkeit, Kritikfähigkeit und Verantwortung aus erneuertem Glauben heraus.

Menschenwürdig – leben, leiden, sterben – helfen
104 Seiten, Broschur
Ein engagiertes und kritisches Buch, das Anstoß sein will für ein gemeinsames Ringen um ein menschenwürdiges Handeln.

Franz Schmatz – Heinz Zak
Leben lieben – Liebe leben
Bildmeditationsband
80 Seiten mit 19 Farbbildern, geb.
Dieser Meditationsband geht in Text und Bild auf die Sehnsucht des Menschen nach Liebe, Glück und Freude ein und zeigt Wege zu deren Verwirklichung auf.